黑龙江省精品图书出版工程
"十四五"时期国家重点出版物出版专项规划项目
先进制造理论研究与工程技术系列

电动汽车制动能量回馈技术

邢恩辉　任桂周　王培振　著

哈尔滨工业大学出版社

内容简介

本书以电动汽车为研究对象,全面阐述了电动汽车制动能量回馈系统的组成结构和相关控制理论。主要研究内容包括:概述目前电动汽车制动能量回馈系统研究现状及需要解决的问题;提出了一种新型制动能量回馈系统结构,把串/并联切换技术应用到超级电容器中,与优化设计的功率变换器结合使用,扩大制动能量回馈的车速范围,提高了能量回馈效率;通过建立回馈制动状态下的电动汽车行驶动力学方程,提出在不同制动强度和制动初速度的条件下,实施不同的制动力分配控制策略;在 Matlab/Simulink 中建立了电源模型、功率变换器模型、H 桥逆变器和电机模型,仿真分析了作者研究团队提出的新型制动能量回馈系统结构和制动力分配控制策略的可行性;通过搭建制动能量回馈系统小型实验台,验证作者研究团队提出的新型制动能量回馈系统及其控制策略的正确性和有效性。

本书可供电动汽车电驱动系统研发、设计的工程技术人员参考,也可供高等院校汽车工程专业的师生使用。

图书在版编目(CIP)数据

电动汽车制动能量回馈技术/邢恩辉,任桂周,王培振著.—哈尔滨:哈尔滨工业大学出版社,2023.3(2023.12 重印)

(先进制造理论研究与工程技术系列)

ISBN 978-7-5603-9137-3

Ⅰ.①电… Ⅱ.①邢… ②任… ③王… Ⅲ.①电动汽车-车辆制动-能量-研究 Ⅳ.①U469.72

中国版本图书馆 CIP 数据核字(2020)第 208793 号

策划编辑	王桂芝
责任编辑	陈雪巍
出版发行	哈尔滨工业大学出版社
社　　址	哈尔滨市南岗区复华四道街 10 号　邮编 150006
传　　真	0451-86414749
网　　址	http://hitpress.hit.edu.cn
印　　刷	哈尔滨圣铂印刷有限公司
开　　本	720 mm×1 000 mm　1/16　印张 9　字数 147 千字
版　　次	2023 年 3 月第 1 版　2023 年 12 月第 2 次印刷
书　　号	ISBN 978-7-5603-9137-3
定　　价	48.00 元

(如因印装质量问题影响阅读,我社负责调换)

前　言

面对能源危机和环保问题所带来的压力,很多国家都把发展节能与新能源汽车提升至国家战略层面,新能源汽车已成为各国争相研发的焦点。近年来,在政策和市场双驱动的推动下,我国电动汽车研发、推广取得了全球瞩目的成就。目前,电动汽车全球化竞争日益激烈,我国企业将逐步由国内市场向国际市场扩展,日、韩、美汽车企业也将进一步在我国市场发力,我国将成为电动汽车竞争的主战场。这里既充满机会,也面临巨大挑战,我国汽车企业只有掌握了核心技术才能不断提高自己的竞争地位,其关键是保持足够的研发投入和凝聚优秀的研发人才。

电动汽车的研发是一个系统工程,包括整车正向研发、"三电技术"、轻量化和智能化等诸多方面。作为电动汽车核心部件,电池、电机和电控技术的水平,直接关系到产品的市场竞争力,研发高能量动力电池、高效率驱动电机、高能量回馈效率、高功率燃料电池和新型电力电子器件等核心部件是今后一个时期提升我国电动汽车产业核心竞争力的关键。

在城市道路运行工况下,汽车在制动过程中损失的能量可占驱动车辆行驶所需能量的一半左右。制动能量回馈技术作为电动汽车的一项关键技术,能够通过电制动将部分动能转化为电能储存到电池中,有效减少了能量损耗,进而提高了汽车经济性。提升制动能量回馈率是制动能量回馈系统的一个重要设计目标,储能系统、功率变换系统、电机及控制方法等多种因素影响着制动能量回馈系统的工作效率。

作者研究团队近年来对制动能量回馈系统的组成结构、相关理论和技术问题进行了系统化研究。其一,考虑超级电容器具有可以实现大电流充放电的特性,把串/并联切换技术应用到超级电容器中,与优化设计的功率变换器结合使用,提高了能量回馈效率。其二,在不同制动强度和制动初速度的条件下,实施不同的制动力分配控制策略,实现独立控制电制动力和机械制动力的大小,拓展了电制动力控制方式,提高了制动力切换过程的动力平顺性。其三,在 Matlab/Simulink 仿真环境中建立了制动能量回馈动力学模型,并进行了仿真研究,仿真结果表明,作者研究团队提出的制动能量回馈系统,在制动强度较小、由纯电制动提供整车制动力的情况下,制动能量回馈率最大,约为16%;在中等制动情况下,由电制动和机械制动提供整车制动力,制动能量回馈率约为13.7%;在紧急制动情况下,由电制动和机械制动提供整车制动力,制动能量回馈率约为8.2%。同时,提出的制动能量回馈系统工作效率为57%,验证了所提出的制动能量回馈系统和制动力分配控制策略的可行性。

本书在撰写过程中,参阅了许多文献资料,引用及理解不当之处,敬请见谅;撰写过程中,得到了研究团队研究生赵子杰、张国飞、黄伟的帮助,在此一并表示衷心的感谢。

限于作者的学识和水平,书中疏漏及不当之处在所难免,恳请读者和专家批评指正。

作　者
2023 年 1 月

目 录

第1章 绪论 ·· 1
 1.1 汽车技术主要发展方向 ··· 1
 1.2 电动汽车制动能量回馈技术 ··· 23

第2章 制动能量回馈系统 ·· 29
 2.1 电动汽车制动能量回馈技术研究动态 ··························· 29
 2.2 制动能量回馈系统常用储能技术及其应用 ···················· 31
 2.3 制动能量回馈控制策略 ··· 44
 2.4 典型制动能量回馈系统 ··· 49
 2.5 本章小结 ·· 51

第3章 制动能量回馈系统总体方案设计 ································ 52
 3.1 一种新型制动能量回馈系统 ·· 52
 3.2 功率变换器的选择与设计 ·· 55
 3.3 新型制动能量回馈控制策略的设计 ······························ 60
 3.4 制动能量回馈系统的影响因素 ····································· 63
 3.5 本章小结 ·· 64

第4章 电动汽车整车动力参数与设计 ·································· 65
 4.1 整车参数及动力参数设计目标 ····································· 65
 4.2 电动汽车行驶动力学分析 ·· 69
 4.3 动力系统参数设计 ·· 70
 4.4 本章小结 ·· 74

第5章 制动能量回馈系统的建模与仿真 ······························· 75
 5.1 电动汽车制动能量回馈系统的建模 ······························ 75
 5.2 制动能量回馈系统模型仿真分析 ································· 80
 5.3 本章小结 ·· 88

- 第 6 章 制动能量回馈实验与分析 ………………………………… 89
  - 6.1 实验系统设计与搭建 ………………………………………… 89
  - 6.2 实验结果分析 ………………………………………………… 92
  - 6.3 本章小结 …………………………………………………… 105
- 第 7 章 新能源技术背景下传统燃油发动机技术发展 ……………… 106
  - 7.1 含醇燃料对 GDI(缸内直喷)发动机气体排放的影响 ……… 106
  - 7.2 小型通用汽油机后处理中不同催化剂性能对比及评价 …… 116
  - 7.3 本章小结 …………………………………………………… 129
- 参考文献 ……………………………………………………………… 130
- 名词索引 ……………………………………………………………… 135

第1章 绪 论

汽车工业已成为世界经济的重要支柱产业之一,汽车真正改变了人民的出行方式,提高了人民的生活水平,已成为现代社会不可或缺的一部分。电动汽车以电力为能源驱动车辆,当电力完全由可再生能源支撑时,电动汽车就成为低排放(甚至零排放)、无污染的交通工具。在政府积极作为、科技支撑、巨大的市场规模和创新的商业模式的激励下,我国新能源汽车产业处于从市场导入期到产业成长期的关键过渡阶段,在全球的电动汽车产业体系中具有举足轻重的地位,加快了汽车电动化的进程。

1.1 汽车技术主要发展方向

1.1.1 汽车产业面临的挑战

汽车是人类工业文明的产物,极大地改变了人类生产、生活方式,同时也加快了人类文明的发展速度,成为人们生活中必不可少的交通工具。我国的汽车产业经过近20年的高速增长之后,汽车年产销量已经达到2 900万辆,接近全球年产销量的1/3。但随着汽车产业的快速发展,全球汽车保有量急剧攀升,石油短缺、环境污染、气候变暖和交通事故问题日益突出。图1.1所示为不同行业石油消耗比例,可以看出汽车工业是当前石油消耗的主要行业,所占比例高达35%。

随着我国经济进入新常态,调结构、稳增长,根据经济结构的对称态及在对称态基础上的可持续发展,而不仅仅是GDP、人均GDP增长和经济规模的最大化。经济新常态是用增长促发展,用发展促增长。汽车产业正处于前所未有的大变革时期,物联网、人工智能、云计算和大数据等与新一代信息通信技术迅速融合,新技术、新产业、新业态和新模式不断涌现并蓬勃发展。我国汽车产业的内外部发展环境都产生了巨大变化,表现在汽车产业的发展速度由中高速转为

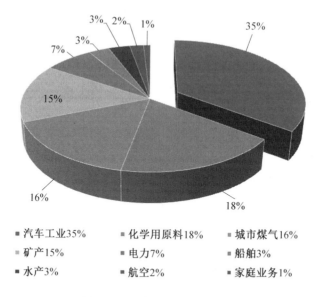

图 1.1 不同行业石油消耗比例

中低速;汽车产品消费由中低端转为中高端;汽车的设计生产由技术引进转为自主创新;汽车产品竞争由销售价格竞争转为品牌竞争。

1. 汽车产业的发展速度由中高速转为中低速

根据我国相关部门的统计,截至 2021 年 3 月,我国机动车保有量达 3.78 亿辆。其中,汽车保有量达 2.87 亿辆;新能源汽车保有量为 551 万辆,与 2020 年底相比增加了 36 万辆,增长 9.45%。

从相关数据分析可知,自 2015 年起,我国国内的汽车产业已从中高速发展转为中低速发展,利润明显下降,汽车产业发展进入转型调整期。2001~2021 年我国汽车销量及其增长率见表 1.1。2001~2010 年我国汽车产销量年平均增长速度为 24%左右,2011~2014 年我国汽车产销量年平均增长速度下降到 7%左右;2015 年我国汽车产销量年平均增长速度下降到 3%左右。2020 年,我国汽车产销量分别为 2 523 万辆和 2 531 万辆,比 2019 年分别下降了 2.0%和 1.8%;新能源汽车产销量分别为 136.6 万辆和 136.7 万辆,比 2019 年分别增加了 10%和 13.3%。2021 年,我国汽车产销量分别为 2 608 万辆和 2 628 万辆,比 2020 年分别增加了 3.4%和 3.8%;新能源汽车产销量分别为 367.7 万辆和 352.1 万辆,比 2020 年分别增加了 169.2%和 157.6%。

表 1.1 2001~2021 年我国汽车销量及其增长率

年份	销量/万辆	增长率/%	年份	销量/万辆	增长率/%
2001	237	14.1	2012	1 931	4.3
2002	325	37.1	2013	2 198	13.8
2003	439	35.1	2014	2 349	6.9
2004	507	15.5	2015	2 460	4.7
2005	576	13.6	2016	2 803	13.9
2006	722	25.3	2017	2 888	3.0
2007	879	21.7	2018	2 808	-2.8
2008	938	6.7	2019	2 577	-8.0
2009	1 364	45.4	2020	2 531	-1.8
2010	1 806	32.4	2021	2 628	3.8
2011	1 851	2.5			

2. 汽车产品消费由中低端转为中高端

人们的生活方式正向追求品质转变,我国的汽车产品消费观念也越发趋于理性,花更少的钱、买更好的产品成为消费者市场的主流。如今只有过硬的品质和良好的口碑才是吸引消费者的关键,汽车自身产品技术水平不高或定价虚高,就难以让消费者买单。汽车不仅是代步工具,而且是展现人们追求生活品质的重要方式。汽车消费者的购买偏好由代步型向舒适型转变,对 SUV、MPV 等高端乘用车和新能源汽车更加青睐,这将引领汽车消费结构升级,使之进入个性化消费的新阶段。

3. 汽车的设计生产由技术引进转为自主创新

随着我国汽车产业研发投入不断增加、设施不断改善,研发队伍不断扩大,我国汽车产业与发达国家汽车产业间的差距不断缩小,以往主要靠引进技术的发展模式正在加快转变为依靠创新驱动的发展模式。近年来,自主品牌汽车企业加大研发投入,例如比亚迪汽车的研发投入达 85 亿元;吉利汽车的研发投入为 48 亿元,占整个营业收入的 5.25%;长城汽车的研发投入为 51 亿元;长安汽车的研发投入为 41 亿元。

4. 汽车产品竞争由销售价格竞争转为品牌竞争

自 2010 年,我国自主品牌汽车的市场占有率出现了逐年下降的趋势,而导致自主品牌汽车市场占有率下降的因素主要有合资品牌生产的新车推出数量不断增加、推出速度不断加快,以及产品价格的降低使自主品牌汽车的价格优势变弱等。未来汽车产品竞争的格局将由价格竞争转向品牌竞争。

经济新常态下,我国汽车产业面临的主要挑战包括汽车市场消费需求增速放缓、汽车产品价格竞争加剧、节能环保法规日趋严格以及我国城市汽车限购政策的持续扩大等。

1.1.2 汽车产业主要发展方向

近年来,汽车产业正在发生巨变,其中最重要的课题之一是汽车"新四化"战略。2015 年汽车"新四化"概念被正式提出,是指电动化、智能化、网联化和共享化。

(1)电动化指的是新能源动力系统领域,电动汽车产业发展迅速,电动汽车技术成熟度也越来越高。

(2)智能化指的是无人驾驶或驾驶辅助系统。

(3)网联化指的是车联网布局,汽车成为智能移动空间和应用终端。

(4)共享化指的是汽车共享出行。

在汽车"新四化"中,电动化是基础,网联化是条件,智能化是关键,共享化是趋势。围绕"新四化"这一课题,对近年来我国汽车行业取得的进展和存在的问题总结如下。

(1)汽车企业紧跟国家的政策导向,加速汽车的电动化进程,市场取得飞跃性增长。近年来,我国的电动汽车销量增速为年平均 107% 左右,领先于增速为 30%~40% 的美国和欧洲主要国家。但是电动化核心技术之一的电池技术,并没有掌握在整车厂手中,而是依赖于少数几家供应商。

(2)汽车企业与互联网企业跨界合作,推动汽车网联化。如 2019 年 8 月长安汽车与腾讯联手推出的"车载微信",进一步推动了汽车的网联化。但自主品牌车企未能掌握车联网的核心技术,如操作系统、应用商店、互联网生态等,这些技术都严重依赖于高科技公司或互联网企业。

(3)L2 级智能辅助驾驶逐渐成熟,中国汽车市场智能化步入 L2 级成熟应用阶段,并开始量产 L3 级车辆。汽车工程师协会定义自动驾驶可分为 L0~L5 共 6 个等级(表 1.2),当前量产车可达到 L3 级别,即有条件自动驾驶,2020 年也因此被认为是 L3 自动驾驶元年。与此同时,主机厂、科技公司和出行服务商均在积极投入 L4 级及以上自动驾驶级汽车的研发。2020 年 3 月,我国工业和信息化部发布了《〈汽车驾驶自动化分级〉推荐性国家标准报批公示》,并已于 2021 年 1 月 1 日起开始实施,这标志着我国正式推出自动驾驶等级的国家标准,此次分级与当前国际上 SAE 分级标准较为类似,同样是将自动驾驶等级分为 L0~L5 级共 6 级。自动驾驶技术不仅仅可以解决人类的驾驶疲劳,为人类提供更为便捷的出行方案,更可以大大降低交通事故发生的可能性,甚至将交通事故率降至 0,大大提高人们的行驶安全性。但当前自动驾驶技术仍有大量核心技术尚未突破,这其中更是需要人工智能积累大量的行驶信息,不断提高自动驾驶能力,最终实现 L4 乃至 L5 级别的自动驾驶汽车的量产。现阶段 L2、L3 级自动驾驶高度依赖外资供应商的技术支持;而在 L4 及以上自动驾驶级汽车领域,我国企业也有了长足的进步。

表 1.2 自动驾驶分级

自动驾驶分级	分级定义	感知层	决策层	执行层
L0（无自动驾驶）	驾驶员全权操作汽车,行驶过程中可得到预警以及保护系统的辅助	驾驶员	驾驶员	驾驶员
L1（驾驶辅助）	可通过外界环境对车辆行驶方向或车速提供一定辅助预警	驾驶员、自动驾驶系统	驾驶员	驾驶员
L2（部分自动驾驶）	可通过外界环境对车辆行驶方向以及车速等多项操作提供驾驶辅助,并在紧急情况下介入操控	驾驶员、自动驾驶系统	驾驶员	驾驶员、自动驾驶系统
L3（有条件自动驾驶）	一定条件下,可由自动驾驶系统完成所有驾驶操控,驾驶员需根据系统请求做出适当应答	自动驾驶系统	驾驶员、自动驾驶系统	自动驾驶系统
L4（高度自动驾驶）	由自动驾驶系统完成所有驾驶操控,在特殊区域路段可能需要驾驶员对系统请求做出适当应答	自动驾驶系统	自动驾驶系统	自动驾驶系统
L5（完全自动驾驶）	任意区域、任何环境下,自动驾驶系统均可完成所有驾驶操控	自动驾驶系统	自动驾驶系统	自动驾驶系统

(4)汽车共享出行市场发展迅速,已经出现"一超多强"的局面,但共享出行的盈利前景仍不清晰。

2020 年 2 月 24 日,国家发展和改革委员会、中共中央网络安全和信息化委员会办公室、科学技术部、工业和信息化部、公安部、财政部、自然资源部、住房和城乡建设部、交通运输部、商务部和市场监管总局 11 个部委联合发布《智能汽车创新发展战略》。其中指出,发展智能汽车不仅可以加快汽车产业的转型升级,而且对于建设制造强国、科技强国、智慧社会,增强国家综合实力等也有促进作用。在汽车产业体系逐渐成熟、完善的基础上,我国在信息通信领域也愈发强大,在网络规模、5G 通信、基础设施等领域皆有全面保障。到 2025 年,中国标准智能汽车的技术创新、产业动态、基础设施、法规标准、产品监管和网络安全体系将基本形成。智能交通系统和智慧城市相关基础设施取得积极进展,LTE-V2X 无线通信网络实现区域覆盖,5G-V2X 新一代车用无线通信网络在部分城市、高速公路逐步开展应用。

1.1.3　新能源汽车的发展

我国是原油进口大国,近年来,石油资源对外依存度不断提高,2019 年已达到 72.55%,远高于国际一般认为的 50% 的"安全线"。从能源安全角度来看,推动汽车电动化能够有效降低我国石油对外依赖程度。同时,从能量使用效率的角度来看,电动汽车电能到动能的转化率可以达到 80% 以上,将极大地提高能量使用率。推动新能源汽车技术进步,加大新能源汽车的保有量和市场占有率是解决汽车交通出行产生的能源和环境问题的最有利方案。各汽车强国表示将推进新能源汽车发展作为国家战略。

19 世纪末,电动车在西方的工业发达国家出现,而我国新能源汽车发展始于 20 世纪 90 年代,以中国科学院、北京理工大学和清华大学为首的国内高校以及科研院所开始以新能源汽车为重点进行研发,对新能源汽车的核心技术进行攻关,并取得了一系列科技成果,同时培养了一部分新能源汽车领域的高、尖端人才,为我国之后的新能源产业发展奠定了基础。

从 2016 年开始,欧洲等地陆续有 10 余个国家提出燃油车禁售声明,出台了禁止销售燃油时间表,挪威、丹麦、冰岛、爱尔兰、荷兰、瑞典、英国、法国、西班牙、日本的禁燃时间分别为 2025 年、2030 年、2030 年、2030 年、2030 年、2030 年、2035 年、2040 年、2040 年及 2050 年。而我国相关政策为 2025 年禁止销售传统燃油车,新能源汽车将逐步取代传统燃油车。

我国的新能源汽车发展战略更主动、更积极、更系统,中国将新能源汽车作为七大战略性产业之一,发展新能源汽车是我国从汽车大国走向汽车强国的必由之路。我国先后主要采用补贴政策和双积分政策推动新能源汽车的发展,出台了从研发环节的政府补助政策、生产环节的双积分政策,到消费环节的财政补贴政策,再到使用环节的不限牌、不限购等全面激励政策,并通过不断提高补贴政策门槛,采用财政补贴逐渐退坡来实现新能源汽车市场的优胜劣汰机制。

1. 新能源汽车分类

新能源汽车主要指将非常规燃料作为动力来源,结合汽车动力控制和驱动等方面的技术,形成的具有新结构和先进技术原理的车辆。现阶段新能源汽车主要有混合动力汽车、纯电动汽车、燃料电池电动汽车、燃气汽车及生物燃料汽车等。目前市场上具有代表性的新能源汽车如图 1.2 所示。

(a)丰田Prius混合动力汽车

(b)特斯拉Model S纯电动汽车

(c)丰田Mriai燃料电池电动汽车

(d)斯柯达燃气汽车

(e)柯尼塞格CCXR生物燃料汽车

图 1.2 新能源汽车

(1)混合动力汽车是指使用传统原油燃料,并结合电力驱动技术以提高车速和降低油耗的汽车。其核心技术有电子控制系统、电力驱动系统、功率耦合系统、蓄电池和能量管理系统。现阶段汽车市场上较为普及的混合动力汽车是汽油混合动力,能够在污染少、消耗低的状态下,长时间持续工作,达到最佳里程。

(2) 纯电动汽车是一种采用单一蓄电池作为储能动力源,以电机将电能转换为机械能来提供动力的汽车。它与混合动力汽车最大的不同在于,纯电动汽车完全采用可充电式电池驱动,电动发电机和车载电池是其中的关键部件,基本结构非常简单。

(3) 燃料电池电动汽车是指将化学燃料作为电能的来源,进行动力行驶的新型汽车。核心部件燃料电池采用的能源间接来源是甲醇、天然气、汽油等烃类化学物质。

(4) 燃气汽车主要有液化石油气汽车和压缩天然气汽车。燃气汽车的二氧化氮排放量比传统燃油汽车低90%,碳氢化合物的排放量降低约70%,氮氧化合物排放量降低约35%,是现阶段使用较为实用的清洁汽车。这种汽车的优势是使用性好、无积碳、发动机寿命长、成本低,但是其受到能源不可再生的约束和限制。

(5) 生物燃料汽车。生物燃料就是以生物作为原料生产的燃料,主要包括农林产品或其副产品、工业废弃物以及生活垃圾等。现今应用最广泛的是乙醇汽车,其主要燃料乙醇汽油是一种由粮食及各种植物纤维加工而成的燃料乙醇和普通汽油按一定比例混配的替代能源。

当前市场主流车型特点比较见表1.3,从表中可以看出,与传统内燃机(燃油发动机)汽车相比,新能源汽车更符合当前汽车的发展趋势。

表1.3 主流车型特点比较

评价指标	传统内燃机汽车	混合动力电动汽车	纯电动汽车
尾气排放	严重	少量	无
消耗能源	燃油	动力电池、燃油	动力电池
能源来源	单一	较广	较广
动力装置	内燃机	电动机、内燃机	电动机
行驶里程	长	较长	短
高效工况区范围	窄	适中	宽
制动能量回馈	无	有	有

2. 新能源汽车技术路线

美系汽车企业新能源汽车的技术路线是发展纯电动汽车和增程式混合动力汽车;日系及韩系汽车企业的技术路线是发展混合动力汽车、纯电动汽车和燃料电池汽车;德系汽车企业技术路线是发展纯电动汽车和插电式混合动力汽车。

混合动力汽车技术以燃油发动机技术为主,辅以电动技术。以传统燃油发动机为动力的汽车高端技术壁垒已经很高了。我国以插电式混合动力汽车为发展目标,它兼具纯电动汽车技术与燃油汽车技术的优点。目前插电式混合动力汽车在我国不断发展,已经实现批量生产。我国发展新能源汽车的愿景是"从汽车大国走向汽车强国"。

我国发展新能源汽车是国家级战略定位。考虑到我国汽车市场未来的容量、车用能源供给状况和目前新能源汽车产业技术现状,大力开展纯电动车技术研发,避开传统汽车和混合动力车技术短板是未来发展的主要方向。我国汽车企业采用以纯电动和插电式混合动力汽车为主,兼顾燃料电池汽车的技术路线。我国新能源汽车技术路线如图1.3所示,经过多个五年计划的科技攻关,我国新能源产业发展迅速,当前已掌握新能源商用车的整车技术,并发展出了独特的新能源乘用车纯电驱动技术路线,实现跨越式发展。此外,我国的燃料电池技术也已达到国际先进水平,但总体来看,新能源汽车在汽车行业当中所占的比例依然较低。

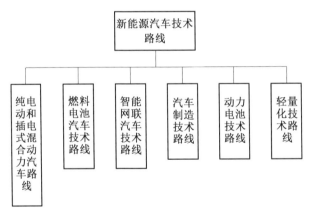

图 1.3　我国新能源汽车技术路线

3. 新能源汽车发展面临的问题。

目前,我国新能源汽车发展面临以下问题:

(1)续航时间不能满足行驶需求。

我国新能源汽车行驶里程大约是 400 km,如果在恶劣环境中行驶,行驶里程也会明显缩短;另外,新能源汽车电池的使用寿命是有限的,并随着使用时间的增加,续航时间也会有一定程度的减少;电池更换费用也较高。续航时间问题影响了消费者购买新能源汽车的意愿。

(2) 政府补贴优惠取消后企业经济效益问题。

为了推动我国新能源汽车行业的发展,中央财政和地方财政同时补贴新能源车辆生产成本差价,但2022年以后,政府将取消对新能源汽车的补贴优惠,这将影响新能源汽车的销售,使得新能源汽车行业的经济效益也受到一定影响。

(3) 市场竞争激烈。

面对发达国家实施"再工业化"和"制造业回归"战略,一些发展中国家也在加快经济转型、积极参与全球产业再分工、承接产业转移、拓展国际市场空间,越来越多的企业加入新能源汽车产业,市场竞争变得更加激烈,新能源汽车企业在发展过程中面临的压力和风险加大。

(4) 安全问题。

电动汽车安全问题也不应该忽视。电动汽车安全的影响因素主要包括以下几部分。

① 碰撞事故。碰撞事故发生后,有可能因外力作用,汽车动力电池发生破损,电池内部电芯变形产生短路,进而不断释放热量而引发火灾。

② 涉水事故。电动汽车涉水可能引发外部短路,如汽车频繁涉水可能会导致电池接口短路。

③ 环境高温对电池的影响。车辆行驶或停放时,路面辐射的热量被车底电池包吸收,在散热系统不能有效工作时,就会造成电池短路、发生燃烧。

④ 充电桩可能存在一定安全问题。

⑤ 驾驶人错误使用也存在安全隐患。

4. 电动汽车发展现状

2012年,我国新能源汽车产销量分别为12 552辆和12 791辆,其中纯电动汽车产销量分别为11 241辆和11 375辆。此时,全球电动汽车销量接近12万辆,其中,美国市场占据了其中46%的份额,日本和欧洲市场份额都在23%左右。

2014~2016年,全球电动汽车销量年增长率均超过了50%,我国的电动汽车产销量快速增加。2016年我国的电动汽车销量达到50.7万辆,其占全球市场份额从2015年的25%提高至32%。我国已经成为全球最大的电动汽车市场,销量占全球电动汽车市场份额的四成多。

2018年全球电动汽车总销量为210万辆,占整个乘用车市场份额的2.2%。2019年全球电动汽车销量达到230万辆,占整个乘用车市场份额的2.5%。

同2018年相比,2019年国内燃油车的销量减少了435万辆,降幅为4.7%。我国2019年汽车销量为2 577万辆,同比下降8.2%,其中新能源汽车销量为120.6万辆,市场份额从4.5%上升到4.7%。在2019年120.6万台新能源汽车销量中,电动汽车(Electric Vehicle,EV)销量是97.2万台,同比下降了1.2%;插电式混合动力汽车(Plug-in Hybrid Electric Vehicle,PHEV)销量是23.2万辆,同比下降14.5%;燃料电池汽车(Fuel Cell Vehicle,FCV)销量为2 737辆,同比增长79.2%。2020年我国新能源汽车销量为136.7万辆,与2019年相比,纯电动汽车和插电式混合动力汽车产销量均增长,其表现明显好于2019年。2021年我国新能源汽车销量为352.1万辆,占全球新能源汽车销量的46.6%。2013~2021年我国新能源汽车销量及增长率见表1.4。

表1.4 2013~2021年我国新能源汽车销量及增长率

年份	销量/万辆	增长率/%
2013	1.8	35.2
2014	7.5	316.7
2015	33.1	341.3
2016	50.7	53.2
2017	77.7	53.3
2018	125.6	61.6
2019	120.6	-4.0
2020	136.7	13.3
2021	352.1	157.6

5. 电驱动系统发展

新能源汽车基本构成如图1.4所示,主要有电气设备、电驱动系统、车身系统及底盘系统等,其中电驱动系统是电动汽车的重要构成之一,直接影响电动汽车的动力性甚至安全性。电驱动系统的核心组成是当前电动汽车的核心技术——"三电"技术,即电机技术、电池技术与电控技术(包括电机控制器和三合一驱动系统)。

(1)电机技术。

电机是电动汽车的核心。电机常见类型主要包括:直流电机、异步电机、开关磁阻电机和永磁电机。图1.5所示为当前车用电机的主要类别。

提高驱动电机工作转速可以提高电机功率和功率密度;采用Hairpin式绕组与油冷技术能够提升电机的功率密度;采用DC/DC Boost电路能够提高电机功率密度;更优的电磁方案也可以提高电机的效率和功率密度,并降低生产成本。

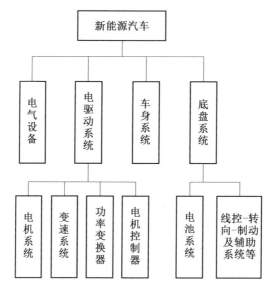

图 1.4　新能源汽车基本构成

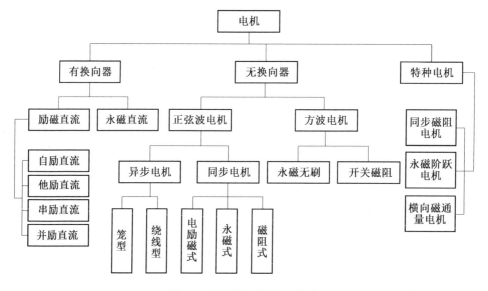

图 1.5　车用电机的主要类别

美国拟采取增加高硅钢片牌号的方法降低电机铁损,利用发卡阻减少铜损的方法提高电机效率。美国电动汽车电机的技术发展见表 1.5,预计到 2025 年效率提高到 97%,能量密度达到 50 (kW·h)/L,质量功率密度①达到 5.7 kW/kg,成本降到 3.3 美元/kW。

表 1.5 美国电动汽车电机的技术发展

电机性能	2020 年	2025 年
效率/%	>95	>97
能量密度/(kW·h·L^{-1})	5.7	50
质量功率密度/(kW·kg^{-1})	1.6	5.7
成本/(美元·kW^{-1})	4.7	3.3

我国驱动电机技术并不落后,国内乘用车驱动电机质量功率密度已达到 3.3~3.8 kW/kg,最高转速可达 12 800 r/min 以上,转矩密度可达 7.1 (N·m)/kg;而我国商用车驱动电机转矩密度已经超过 18 (N·m)/kg,最高转速可以达到 3 500 r/min 以上。国内外乘用车驱动电机核心参数对比,见表 1.6。

表 1.6 国内外乘用车驱动电机核心参数对比

核心参数	国内驱动电机	德国宝马 i3	美国通用 Bolt	日本日产 Leaf
峰值功率/kW	128	125	130	80
最高转速/(r·min^{-1})	12 800	12 800	8 810	10 390
峰值转矩/(N·m)	270	250	360	280
峰值效率/%	97	97	97	97
质量功率密度/(kW·kg^{-1})	3.8	3.8	4.6	2.6
转矩密度/(N·m·kg^{-1})	7.1	7.6	12.7	8.5

为了提升电机系统技术,可以在新电机技术的发展、新材料的应用、设计方法的优化三个方面创新,如图 1.6 所示。当前各企业、高校等科研机构在电机技术方面积极创新,提出了同步磁阻电机技术、无稀土电机技术、串/并联绕组切换电机技术等新型电机技术;同时也在积极采用新材料,如高性能导热材料、高导电率材料、高耐压绝缘材料、耐高温电磁材料等;此外也在积极优化现有电机设计方法,并提出新方法,如利用大数据优化算法,采用更贴近物理层的建模分析方法等。

---

① 质量功率密度=峰值功率/有效质量,单位为 kW/kg。

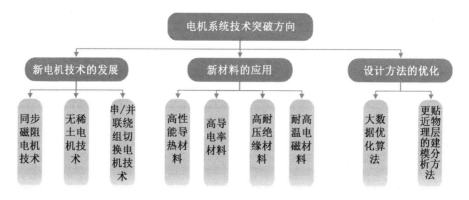

图 1.6　电机系统技术的创新

(2) 电池技术。

电池技术是影响电动汽车发展的重要因素之一,更是纯电动汽车企业的核心竞争技术之一。当前磷酸铁锂电池和锰酸铁锂电池成本较低且性能稳定,大量应用于电动客车。

近年来,我国动力电池市场需求越来越大,2019 年我国新能源汽车销量为 120.6 万辆,动力电池装机量达 62.37 GW·h。2020 年 1~5 月,我国动力电池产量累计为 18.2 GW·h。其中三元锂电池(由镍、钴、锰制成的锂电池)产量累计为 11.6 GW·h,占总产量的 64.0%;磷酸铁锂电池产量累计为 6.5 GW·h,占总产量的 35.7%。2020 年 1~5 月,我国动力电池累计装机量为 12.83 GW·h。从纯电动乘用车搭载的动力电池具体类型来看,2020 年 1~5 月三元锂电池仍然是市场主流,其中高镍 NCM811 装机量超过 3 GW·h,接近经典的 NCM523 电池。

新能源汽车所用动力电池虽已广泛应用,但目前仍有许多关键技术需要突破,例如能量密度仍然不高、使用寿命需要延长、充电特性需要改善(尤其是在低温环境下)、成本偏高、安全性不足等。目前企业以及高校也多注重这些方面的研究,其中提高动力电池的能量密度是研究热点。

当前动力电池的能量密度如图 1.7(a) 所示,其中锂空气电池可达 780 (W·h)/kg,固态电池可达 360 (W·h)/kg;动力电池充电倍率如图 1.7(b) 所示,最高可达 120 C;使用寿命如图 1.7(c) 所示,最多可达 200 000 次。

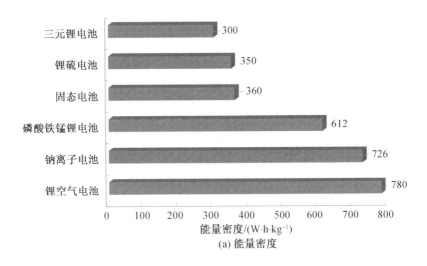

(a) 能量密度

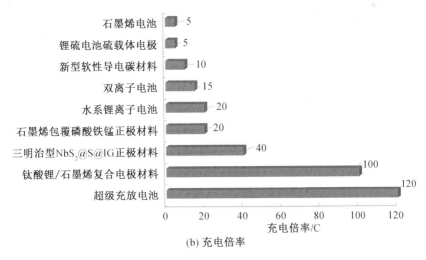

(b) 充电倍率

图 1.7 动力电池现状

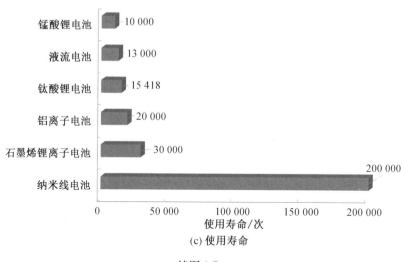

(c) 使用寿命

续图 1.7

① 提高动力电池能量密度的方式主要包含：

a. 优化结构设计。

b. 提高正负极活性物质比容量。

c. 提高工作电压。

② 提高动力电池充电倍率，改善其充放电特性的方式主要有：

a. 提高离子移动速度。

b. 提高电解质电导率。

c. 减少内阻。

③ 延长动力电池使用寿命的方式主要包含：

a. 创新使用长寿命的电极材料、电解质、添加剂等。

b. 改善结构设计。

④ 降低动力电池成本的方向主要有：

a. 规模化生产，提高电池良品率。

b. 采用资源丰富的新材料。

c. 提高电池能量密度、循环特性等参数。

⑤ 提高动力电池安全性的方式主要包含：

a. 采用热失控阻断设计。

b. 优化电池结构，采用新材料，创新新型电池。

⑥ 基于以上动力电池技术分析，未来动力电池技术的主要发展方向如下：

a. 低钴化甚至无钴化是中短期内三元锂电池降低成本的技术方向。

钴是目前三元材料(镍、钴、锰)正极不可或缺的一种稀有金属,能够稳定材料的层状结构和提高材料的循环和倍率性能。但地球上的钴资源含量较低,价格高昂,因此无钴是动力电池的一个终极目标。

高镍化是近年来三元锂电池的发展趋势。通过调整镍、钴、锰三种元素的比例,可获得不同的电极极性。提高镍元素的比例能提高电极的比能量和降低钴含量,三元材料向高镍化发展。NCM811 单体能量密度可以达到 300 (W·h)/kg,相较于 622 型能量密度提升了 50%。例如,2020 年 5 月长城汽车旗下的电池企业蜂巢能源正式发布了该公司研发的 NM_x 无钴电池,该电池创新性地使用阳离子掺杂技术、单晶技术和纳米网络化包裹,改善了无钴情况下镍锂离子混排问题以及循环寿命的问题,使无钴材料有望走到规模化应用的阶段。

b. 无模组化成为降低成本的技术路线之一。

在传统电池系统中,电池内部结构件与封装的成本占比较高,通过无模组化技术可以改进电池封装设计,提升电池包成组的效率,从而降低成本。

c. 磷酸铁锂电池应用市场扩大。

我国动力电池补贴大幅退坡后,成本压力驱动车企重新考虑磷酸铁锂技术路线,同时车企的 CTP(Cell-to-Pack)技术以及刀片电池技术提高了磷酸铁锂电池的能量密度。自 2019 年下半年开始,磷酸铁锂动力电池车型比例不断升高。

d. 石墨烯电池技术成为重要技术。

石墨烯材料由于具备超轻、超高强度、超强导电性等特性,被认为是提高电池充电速度、推动动力电池技术进步的重要技术。

e. 全固态电池或成为下一代动力电池技术。

全固态电池指使用固体电极和固体电解质的锂二次电池,具有不可燃、不腐蚀、不挥发、不漏液等优势,安全性能大大提升。另外,全固态电池使用锂作为负极,可匹配高电压正极材料,进一步提升能量密度,系统能量密度高,有望达到 500 (W·h)/kg,满足电动汽车的续航里程要求。因此,全固态电池也被广泛期待成为下一代动力电池技术。德国大众集团的电池续航里程提升计划中,全固态电池的能量密度达到 800 (W·h)/kg。

⑦动力电池技术的主要发展情况如下:

a. 韩国现代集团发布了世界上第一辆量产的动力电池汽车 ix35FCV。该车配备的燃料电池功率为 95 kW,可在-20 ℃的温度下正常启动,其最大续航里程可达 415 km。

b. 丰田汽车公司的燃料电池技术较为先进,其量产的乘用车 Mirai 的燃料电池体积功率密度可达 3.1 kW/L,发电功率为 114 kW,即使在-30 ℃的温度下也可以正常启动工作,续航里程可达 502 km。丰田通过创新性地设计使用 3D 细孔流道、升级电池正极材料及结构、取消加湿器等方法,使得其燃料电池体积功率密度达到了原来的两倍以上,功率提高了 36%以上,且体积减小了 24%。

c. 除丰田以外,本田 Clarity 搭载的燃料电池体积功率密度可达 3.1 kW/L,发电功率最大为 103 kW,其续航里程可以达到 589 km。

d. 我国上汽集团推出的荣威 950 FULL CELL 氢燃料电池轿车,该车搭载动力电池以及氢燃料电池双动力源系统,其最大续航里程可达 430 km,最高时速为 160 km/h,可在-20 ℃的情况下正常启动。

⑧动力电池的安全问题。

电池管理系统的作用也十分重要,用于对电池进行检测并控制输出,并负责与其他系统通信。动力电池的安全问题同样需要被关注,动力电池的安全问题主要包括本征安全、被动安全、主动安全三个方面。

a. 本征安全。本征安全是设计出来的,包括材料设计、结构设计等,尤其是基于材料热稳定性和电池热失控机理的设计;同样本征安全也是制造出来的,制造方面主要是智能化、过程监测和制造品质等。目前的技术表明,本征安全比能量在 200 (W·h)/kg 以内是可以有效保证的,现在产业化重点攻关是比能量为 300 (W·h)/kg 的高镍三元锂电池。

b. 被动安全。现有汽车碰撞法规考虑的是前碰撞、侧碰撞安全问题,电动汽车现在还需要考虑底部的碰撞安全,也就是动力电池碰撞安全问题。

除此之外被动安全技术还包括热蔓延控制技术,当动力电池比能量达到 300 (W·h)/kg 时,靠单体来实现不热失控是很困难的,现在公关的重点是如何防止热蔓延,模块热蔓延甚至是整个电池包的热蔓延问题,有的企业采用加隔热、灭火装置等。

c. 主动安全。动力电池正在从被动安全向主动安全发展。主动安全的前提是电池管理系统在准确评估电池状态的基础上,控制使用边界,并严格控制超出边界的情况,通过传感技术(气体传感器、电位传感器等)实现对动力电池的内短路以及颗粒形成等各种各样隐患的预警(当然这中间要加一些传感器)。在主动安全方面,还可以通过人工智能、大数据、云平台,提升电池管理系统、电池预警系统、电池充电控制和电池寿命预测与评估的技术水平。

目前在各大企业以及高校等科研机构的积极努力下,动力电池相关技术取得了一定程度上的发展。电池一些关键的性能指标有了较大提高。但该类产品大多数仍然处于实验室阶段,且该类型的动力电池多为单一性能的突破,动力电池的综合性能并不突出,其成本往往难以控制,安全性也难以保证,商业化生产较为困难,故而当前动力电池仍存在许多技术问题亟待解决。

(3)电机控制器。

电机控制器是电动汽车驱动的控制部分,连接电池与电机的能量转换单元,技术核心是通过电力电子技术对输出电流、电压和频率进行控制,进而控制驱动电机的转速和转矩,也可辅助车辆进行减速刹车,并回馈制动能量。其结构主要包含 IGBT(Insulated Gate Bipolar Transistor)功率半导体模块及相关电路等硬件部分以及电机控制算法和逻辑保护等软件部分。电机控制器结构如图 1.8 所示。

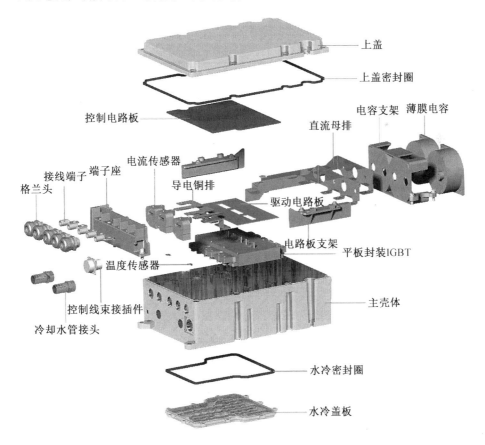

图 1.8　电机控制器结构

目前,电机控制器各组成部分的成本构成见表1.7。通过表1.7对电机控制器进行成本分析,可知IGBT模组占据了电机控制器近40%的成本,一个很重要的原因在于国内车用高功率半导体主要使用外资厂商产品,如英飞凌、三菱、仙童、东芝、富士、SEMIKRON、Hitachi等。

近些年来国内企业对新能源汽车及其核心部件的投入力度加大,电机控制器快速发展,从技术研究向产品开发方向发展,先后出现了一些专业研发生产车用电机驱动系统的产业化公司。国内的电机控制器主要供应商包括联合汽车电子、上海电驱动等企业。我国整车企业与其电机控制器供应商见表1.8。

表1.7 电机控制器各组成部分的成本构成

组成部分	成本比例/%
控制电路板	16
电流传感器	5
电机控制器壳体	12
门驱动电路	4
电容	2
接插件	4
驱动电路板	12
人工成本	4
IGBT模组	37
其他部件	4

表1.8 我国整车企业与其电机控制器供应商

电控供应商	配套整车企业
重庆长安汽车股份有限公司	长安
奇瑞新能源汽车股份有限公司	奇瑞新能源
比亚迪股份有限公司	比亚迪、北京华林
联合汽车电子有限公司	上海乘用车、吉利、上汽大众、长城
上海电驱动股份有限公司	奇瑞新能源、长城、合众新能源
合肥巨一动力系统有限公司	广汽本田、江淮、大乘汽车
深圳大地和电气股份有限公司	奇瑞新能源、江铃新能源、重庆瑞驰

续表1.8

电控供应商	配套整车企业
深圳市汇川技术股份有限公司	威马、东风、东南汽车
罗伯特·博世有限公司	华晨宝马
深圳麦格米特电气股份有限公司	北汽新能源

我国电机控制器体积功率密度已超过 12 kW/L,控制器效率超98%。表1.9所示为国内外电机控制器的参数对比。

表 1.9　国内外电机控制器的参数对比

参数标准	Prius	Camry	Bosch	国内产品（弗迪动力）
体积功率密度/(kW·L^{-1})	11.1	19.0	12.8	12.3
质量功率密度/(kW·kg^{-1})	16.7	17.2	10.5	10.1
功率器件类型	IGBT	IGBT	IGBT	IGBT
直流电压等级/V	200~600	200~600	300~480	300~420
功率器件电流/A	500	550	660	800
功率器件封装形式	定制	定制	定制	标准模块

目前,电机控制器日趋集成化,其结构功能也日趋复杂,集成后的电机控制包括以下几点:

① 配电:为集成控制器提供配电,如熔断器、TM 接触器、电除霜回路供电、电动转向回路供电和电动空调回路供电等。

② 辅助电源:为控制电路提供电源(如 VCU(整车控制器)),为驱动电路提供隔离电源。

③ IGBT 驱动:接收控制信号,驱动 IGBT 并反馈状态,提供隔离及保护。

④ DSP:接收 VCU 控制指令并做出反馈,检测电机系统转速、温度等传感器信息,通过指令传输电机控制信号。

⑤散热系统:为电机控制器提供散热,保障控制器安全。

在电机控制器设计过程中要充分考虑其热设计。IGBT 模块散热封装从传统的铜基板向两个方向发展:

① 无铜基板,双面冷却。

② PinFin 式冷却,主要以英飞凌、三菱、富士和日立为主,也有为混动车辆开发的高度集成模块。

在电机控制器投产前要对其各项性能进行计算机仿真分析，如：

① 控制器整体系统性仿真，主要侧重于散热水道设计的合理性、控制器内部环境温度等仿真。

② 控制器关键模块仿真，主要对控制器内部使用的关键电容、铜排的仿真，通过热流密度仿真电容温度。

③ 控制器关键单板仿真，主要仿真单板环境温度、单板上关键零件的散热。

④ 控制器核心芯片仿真，主要包括 IGBT、主功率模块仿真。通过准确的仿真，发挥控制器核心芯片 IGBT 的最大能力。

目前，国内电控产业化的制造技术能力仍然不足。虽然国内生产的伺服电机本体性能能够满足电驱系统要求，但在伺服控制器的控制算法、集成度和稳定性等方面仍需加大研发力度。

(4) 三合一驱动系统。

目前，动力系统集成化、平台化、高效率、高转速是电驱动技术的发展趋势。为了提升电动汽车整车产品竞争力，各大汽车企业致力于电动汽车动力系统集成化和模块化技术的开发，其中电机、电控、变速器三合一驱动系统是目前电动汽车较为先进、通用化的产品之一。目前，三合一电驱动总成技术方案已经成为电驱动系统的主要发展方向，表 1.10 所示为部分车企以及供应商的驱动系统三合一指标。未来将长期着眼于电机、减速器、电机控制器、高压分线盒、DC/DC、DC/AC、充电机等零部件集成为一体，即电驱系统动力总成。

传统的电驱系统，电机和电控是分开的，三合一驱动系统与传统的电驱系统相比较，其结构更紧密、集成化效率高、能量损失更小。三合一驱动系统的电机和电控不需要通过外部接口进行相连，省去了电机和电控相连接的交流三相线和用于冷却的水管以及安装支架，因而振动及噪声问题得以改善；电驱总成体积也小，整车空间利用率高，电驱系统质量轻，电驱总成的功率和扭矩密度高；节省了外围附件的成本，成本低，节约了芯片用量，经济性好。三合一驱动系统体现了高效率、低损耗、噪声小、体积小、轻量化、成本低的技术优势，其中较为突出的是：

① 高集成化。

采用三合一电驱系统，以及壳体共用、水道集成、高压线集成等技术，减速器和电机直连，电机与电控直连，省去了传递路径上的能量损耗，也使得集成效率得到提升。

② 小型化。

大部分电驱产品采用短中心距平行轴方案/同轴电驱方案，总成体积降低 30%。

③ 轻量化。

电驱总成质量功率密度可以达到 1.42 kW/kg 以上,最高达 1.9 kW/kg。

表 1.10　部分车企以及供应商的驱动系统三合一指标

厂家		集成度		小型化		轻量化	
		集成方式	水道集成	构型	传动结构	中心距/mm	质量功率密度/(kW·kg^{-1})
整车企业	大众 MEB 平台前驱(联电)	三合一	是	Z 构型	平行轴	188	1.57
	大众 MEB 平台后驱	三合一	是	顶置式	同轴	0	1.50
	奥迪	三合一	否	Z 构型/顶置式	平行轴/同轴	—	—
	比亚迪	三合一	是	Z 构型	平行轴	230	1.51
	零跑	三合一	否	Z 构型	平行轴	—	—
	蔚来	三合一	否	Z 构型/顶置式	平行轴/同轴	200	1.42
零部件企业	采埃孚	三合一	是	Z 构型	平行轴	222	1.50
	法雷奥 & 西门子	三合一	是	Z 构型	平行轴	170	1.43
	大陆	三合一	是	Z 构型	平行轴	150	1.90
	爱信 & 电装	三合一	是	Z 构型/顶置式	平行轴/同轴	—	1.67
	舍弗勒	三合一	是	顶置式	同轴	0	1.76
	汇川	三合一	是	Z 构型	平行轴	200	1.42
	中车	三合一	是	Z 构型	平行轴	198	1.66
	精进	三合一	是	Z 构型	平行轴	175	1.59

1.2　电动汽车制动能量回馈技术

在电动汽车研究中,研制高性能储能设备和提高能量利用率是比较重要的两个研究方向。电池技术受经济性、安全性等因素制约,难以在短时期内有重大突破。因此如何提高电动汽车的能量利用率是一个非常关键的研究方向。

电动汽车制动能量回馈技术,也称制动能量回收技术、回馈制动或再生制动技术,是指电动汽车通过驱动电机(在减速或制动过程中,电机处于发电状态),将车辆的部分动能转化为电能储存于动力电池中,同时通过电机制动转矩对车辆进行制动。

研究制动能量再生对提高电动汽车的能量利用率非常有意义。汽车在制动过程中,汽车的动能通过制动器摩擦转化为热量消耗,大量的能量被浪费。相关研究表明,在几种典型城市工况下,汽车制动时由摩擦制动消耗的能量占汽车总驱动能量的 $1/3 \sim 1/2$。如果能回收利用这部分制动能量,就能够提高车辆行驶经济性。有关研究表明,在城市工况下若能有效地回收制动能量,则车辆可减少 15% 的能量消耗,使行驶距离增加 10%~30%。目前,制动能量回馈技术研究已经成为纯电动汽车技术研究的一个重点。

1.2.1 制动能量回馈系统结构和分类

电动汽车制动系统由机械制动系统和制动能量回馈系统两大部分构成。

制动能量回馈系统按驱动电机的布置形式大致可分为中央电机式制动能量回馈系统、轮边电机式制动能量回馈系统和轮毂电机式制动能量回馈系统 3 类。对于前轮驱动的电动汽车,这 3 类制动系统的具体结构分别如图 1.9~1.11 所示。以上 3 类系统中,由于轮毂电机式制动能量回馈系统没有机械连接,全部采用电力连接,可以有效地减少机械损失,因而与中央电机式和轮边电机式制动能量回馈系统相比,其回收效率较高。但轮毂电机式系统的不足之处是轮毂电机的制造成本相对较高。

制动能量回馈系统按液压调节机构的布置方式可以分为:

(1) 与主缸集成。

电磁阀等执行机构集成在制动主缸中。

(2) 与液压单元集成。

液压调节机构与传统车辆中用于稳定性控制的液压单元进行集成化设计。

(3) 分散式布置。

压力调节机构未采用一体化设计,而是分散地布置在制动系统中。

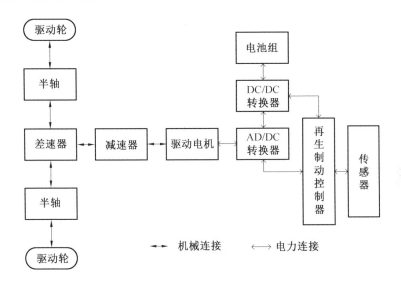

图 1.9 中央电机式制动能量回馈系统

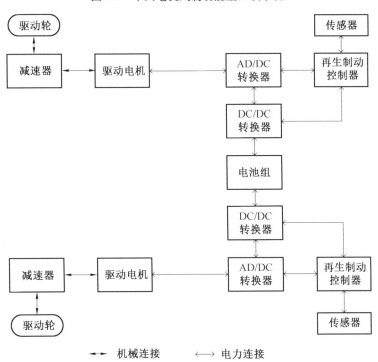

图 1.10 轮边电机式制动能量回馈系统

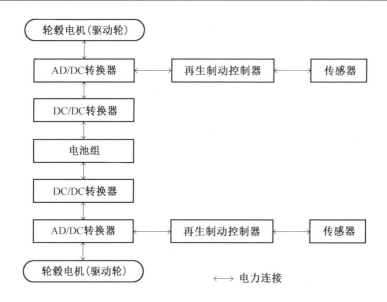

图 1.11 轮毂电机式制动能量回馈系统

制动能量回馈系统按制动踏板与制动力机械耦合关系可以分为：

(1) 制动踏板非解耦方案。

制动踏板与管路压力机械连接，中间环节不设液压调节机构。

(2) 制动踏板准解耦方案。

制动踏板与轮缸压力部分机械解耦或在部分工况下解耦。

(3) 制动踏板解耦方案。

制动踏板与管路压力完全解耦，属"线控制动"。

1.2.2 制动能量回馈系统需要解决的问题和需要考虑的因素

目前，汽车制动能量回馈系统研究主要集中在制动能量回馈方法、制动能量回馈效率、驱动电机与功率转换器控制技术、制动能量回馈控制策略和机电复合制动的协调控制等方面。

目前迫切需要解决的制动能量回馈系统关键技术问题有以下几个方面：

(1) 制动稳定性问题。

(2) 制动回收能量充分性问题。

(3) 制动踏板平稳性问题。

(4) 制动协调兼容问题。

电动汽车制动能量回收是提高电动汽车能源效率的一个主要因素。制动能量回收要考虑制动效果、制动能量分配、储能电池的特性和储存能量的利用等几个方面,然后确定制动储能系统如何实现。

1. 储能电池特点

电动汽车根据行驶工况有时需要缓慢制动,而有时需要剧烈制动,这就要求储能电池能够迅速转换充放电模式,并且不能对电池造成伤害,能够高倍率充放电、及时储存制动回馈能量以及能及时利用储能电池里的能量。电动汽车主流的驱动电池是锂电池。锂电池的充放电原理是化学反应,它在充放电之间转换需要时间,不是随意的,不然就会对锂电池有害。因此,锂电池不适合用作制动能量回馈系统中的储能电池,更不适合将电动汽车的驱动电池简单地用作制动能量回收过程中的储存电池。超级电容具有高倍率充放电和迅速转换充放电模式的特点,适合作为制动能量回收的储存部件。

2. 储存能量利用

制动能量回馈系统储存部件中的能量需要在下次制动前及时释放出去,这就涉及放电分配。储能部件的超级电容应该优先释放能量。由于超级电容的内阻比锂电池的内阻大,超级电容先放电的条件是超级电容储能部件的电压比驱动电池的电压高,当电动汽车停下来一定时间后,需要把超级电容中的能量输送给锂电池。

3. 制动效果和制动能量分配

驾驶人踩下制动踏板时的力不同,所得到的制动效果不一样,能量回收的程度也不同。缓慢制动时,可以用100%制动能量回馈系统停止驱动,把动力电机的能量回馈输送到超级电容。如果采用紧急制动,就要在回馈能量的同时,加上机械制动系统制动,不同的制动工况要按照不同的比例分配制动。电动汽车制动能量回馈过程:驾驶人踏下制动踏板制动,制动能量回馈系统迅速回收能量,根据采集到的驾驶人踩下制动踏板的力量大小,分配机械制动力的大小,以达到制动效果。回收的能量通过DC/DC储存在超级电容储存部件中。当车辆停止并熄火一定时间后,通过放电DC/DC馈送到驱动电池中。如果车辆没有停止而是继续行驶,则首先回收在超级电容里的能量,通过放电DC/DC驱动电机,而不够的能量由驱动电池及时补上,随后由驱动电池继续供电。

1.2.3 研究热点

制动能量回馈技术是众多研究者关注的焦点。在众多关于制动能量回馈技术的研究方向中,研究热点有:

(1)采用新型复合/混合能量源,对电动汽车制动能量回馈系统的能量回收率进行提升和优化。

（2）采用新型机械制动系统,开发高能量回收效率的串联式制动能量回馈系统及控制策略。

（3）根据制动能量回馈系统和 ABS/ESP 等汽车电子产品的工作特性,研究制动能量回收与 ABS/ESP 协调控制策略。

（4）根据制动能量回收带来的制动舒适性问题,研究电动汽车制动感觉一致性及实现方法。

（5）利用智能算法辨别制动意图,根据辨别结果优化机械和电机制动力分配。

纯电动汽车技术正在以环保、低碳的理念改变着全球汽车产业的格局,制动能量回馈技术作为一种减少能耗、提高电动汽车续驶里程的重要技术,对电动汽车技术的进步与发展起到巨大的推动作用。作者科研团队近年来开展了有关制动能量回馈技术方面的研究,提出了一种新型制动能量回馈系统结构,这种结构把串/并联切换技术应用到超级电容器中,与优化设计的功率变换器结合使用,扩大制动能量回馈的车速范围,提高了制动能量回馈效率。

第 2 章 制动能量回馈系统

制动能量回馈技术是当下电动汽车研究的热点问题之一,通过制动能量的回收将车辆制动时的一部分动能转化为其他形式的能量储存起来,待车辆需要时再将能量释放出来,可以有效提高车辆的能量利用率,延长车辆续航里程。

2.1 电动汽车制动能量回馈技术研究动态

电动汽车实现制动能量回馈首先要保证汽车制动的安全性和稳定性,而提高制动能量回馈效率是目前制动能量回馈技术的研究重点之一。制动能量回馈方法、功率变换器与电机的控制技术以及电液协调制动等方面是当前国内外学者在电动汽车制动能量回馈技术方面的研究热点,其中国内学者的研究方向则多集中在电动汽车制动能量回馈系统所用的储能技术、控制方法以及制动力分配策略等方面。

2.1.1 制动能量回馈系统结构

Kanarachos Stratis 等人设计了一种集成的、位于前轴的制动力控制器,其采用了黎卡提方程算法判断车辆制动状态,并运用 Matlab/Simulink 搭建模型仿真,验证了该控制策略对于前后轮的液压制动力和电制动力分配的合理性。Li Liang 等人对储能装置进行研究,以锂电池为重点研究对象,对粒子群优化算法进行了改进,并建立了该控制策略的 Matlab/Advisor 模型,经仿真表明:在中等制动条件下,通过改进后的策略进行制动力最佳分配,其能量回馈效率可达到 17%。Ruan Jiageng 等人针对飞轮储能系统,设计了飞轮制动能量回馈系统试验台并进行试验,试验结果显示使用飞轮储能,制动能量回馈率在一个公路燃料经济性试验(Highway Fuel Economy Test,HWFET)以及新欧洲驾驶循环(New European Driving Cycle,NEDC)周期下分别为 23.3% 和 14.1%。李洪亮以飞轮作为储能装置进行研究,通过分析制动能量回馈过程中的动态响应过程,设计一种新型飞轮混合电源系统,并搭建实验台架进行试验,飞轮储能系统台架试验台如图 2.1 所示,结果表明,其能量回馈效率可达到 33%。

图 2.1 飞轮储能系统台架试验台

2.1.2 制动能量回馈策略

Itani Khaled 等人基于超级电容器,改进了 Matlab/Advisor 系统自带的控制策略,提出了一种约束制动力能量回馈控制方法,并对汽车前轮的制动能量回馈进行仿真,在高、中、低等不同摩擦系数的道路上,与 Matlab/Advisor 系统自带的控制方法相比,其能量回馈效率分别提高了 3.7%、11.2% 和 6.6%。Zhang Junzhi 等人全面总结研究了后驱电动汽车的制动能量回馈系统,并对并联式复合制动能量回馈控制策略提出了一种改进方法,通过建立电动汽车的电机、电池以及制动系统的 Matlab/Simulink 模型进行仿真,结果表明改进后的制动控制策略的能量回馈效率提高了 15%。Ruan Jiageng 设计了电制动和液压制动协调控制策略,以实现电动汽车制动安全性、稳定性与制动能量回馈效率最大化之间的平衡,其电机产生的转矩为汽车前轮提供制动力,当车辆制动强度较大时,制动系统提供最大电制动力,机械制动力对不足的制动力部分进行补充,而汽车后轮的制动力则完全由机械制动力提供,以此来保证汽车制动的安全性与稳定性,同时保证制动能量回馈效率。朱智婷改进了制动力分配修正模块以及电机回馈制动力补偿模块,同时对传统电液复合制动协调控制策略进行了优化,并进行了中等制动强度下的道路试验,试验结果发现,优化后的电液复合制动控制策略可以降低因电液压制动力切换而引起的制动力波动以及偏差等问题发生的概率。王猛提出了一种一体化电液复合制动集成系统,以实现制动能量回馈效率的最大化,通过 AMESim 建立其电液制动系统的控制模型,同时建立了回馈控制策略的 Matlab/Simulink 模型进行联合仿真,并利用线性插值法对液压制动力进行分配,从而提高了协调控制的响应时间。刘新天等人根据电池以及电机的特性设计了一种制动能量控制策略,该策略可以利用车速曲线以及电池电量变化值来选取同时符合最佳制动以及电机最优回馈制动转矩的工作点,从而提高制动能量回馈效率,并通过制动过程分析和 Matlab/Simulink 建模仿真,得到了电机最优制动转矩工作点,验证了该策略的可行性。

2.1.3 安全性以及稳定性

Lv Chen 等人将镍氢电池作为储能装置进行研究,提出了新型混合式制动防抱死(Antilock Brake System,ABS)控制策略,建立了电动汽车动力学模型和制动能量回馈系统的 Matlab/Simulink 模型,并对其进行仿真验证,与传统 ABS 控制策略相比,新型混合 ABS 控制策略具有更好的制动性能,更为安全稳定,其制动能量回馈率约为 13.89%。周磊等人设计了一种集成能量回馈以及 ABS 控制的分层控制法,系统通过识别驾驶员制动意图以及控制装有模糊调节器的滑动变结构,从而控制车辆前后轮滑移率,并利用电机的快速响应实现精准控制 ABS,最终实现在 NEDC 工况下回馈率相对提高 80%。Novellis 等人设计了一种根据前馈同反馈的组合产生连续横摆率控制的直接横摆新型力矩控制器,该力矩控制器的作用是:通过控制电动汽车的电机制动力以及摩擦制动力产生的横摆力矩防止车辆发生侧滑,保证车辆在转弯时可以不断地修正不足转向,同时增加恶劣工况下车辆的主动安全性。

通过优化设计电机控制技术、制动力分配策略以及储能结构等可以提高制动能量回馈率,从而提高电动汽车的能量利用率,增加车辆的续航里程,延长蓄电池等储能装置的使用寿命。

2.2 制动能量回馈系统常用储能技术及其应用

电动汽车制动能量回馈系统常用储能技术是回馈系统的核心技术之一,其作用是储存车辆制动时所产生的电能。车用电源储能系统如图 2.2 所示。目前常见的电动汽车能量回馈系统常用储能技术主要包括蓄电池储能、飞轮储能、超级电容器储能、混合储能以及超导储能等,其中蓄电池储能是当前最常见的储能技术。

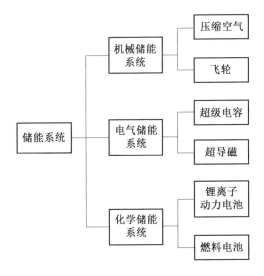

图 2.2　车用电源储能系统

2.2.1　蓄电池储能

经过多年以来的不断发展,蓄电池技术已较为成熟,且具有成本较低、便于维护、稳定可靠等优点,因而在电动汽车市场中应用广泛。典型的蓄电池实物图如图 2.3 所示,其中应用于电动汽车行业的蓄电池主要类型包括:铅酸电池、镍镉电池、镍锌电池、镍氢电池以及锂离子电池等。

目前电动汽车所用动力电池的主要类型如图 2.4 所示。

除图 2.4 所示类型外,动力电池还可以按封装技术划分为方壳电池、圆柱电池和软包电池。目前新能源乘用车和纯电动客车市场广泛采用方壳电池,圆柱电池应用于部分纯电动乘用车,软包电池主要应用于插电式客车。

(1)方壳电池。方壳电池即将单体电池做成方形。方形封装相对于圆柱形封装,缩小了电芯间的缝隙,让内部材料卷覆得更加紧密,有利于让电池在高硬度的限制下不容易膨胀,相对更加安全。此外,壳体采用了密度更小、质量更轻且强度更高的铝镁合金,使电池的能量密度和安全性可以更高,在续航方面的表现也会更加突出。

(2)圆柱电池。其与方壳电池虽然都属于硬壳封装,但圆柱电池封装尺寸小、成组灵活、成本低且工艺成熟。目前特斯拉纯电车型所采用的松下电池的封装技术便是硬壳圆柱封装,但后期依然要面对成组后散热设计难度大、能量密度低等问题。

(a) 铅酸电池　　　　　　　　　　　(b) 镍镉电池

(c) 镍锌电池　　　　　　　　　　　(d) 镍氢电池

(e) 锂离子电池

图 2.3　蓄电池实物图

(3) 软包电池。软包电池有尺寸变化灵活、能量密度高、质量轻、内阻小等诸多优点，但是具有机械强度差、封口工艺难、成组结构复杂、设计难度大等缺点，甚至在成本、一致性和安全性等方面也表现一般。

当前主流蓄电池的性能优缺点对比见表 2.1，从中可以看出铅酸电池的最大优点是价格低、可靠性高、技术成熟，但由于技术限制，存在低温性能差、充电时

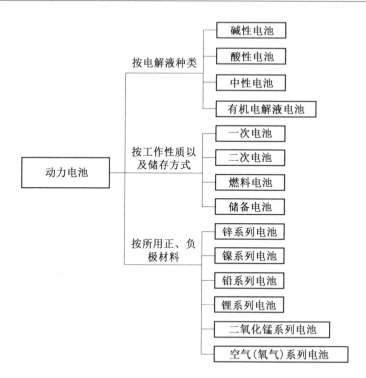

图 2.4 电动汽车所用动力电池的主要类型

间长、寿命短等问题;而镍镉电池、镍锌电池以及镍氢电池的比功率、比能量都较高,但存在成本较高、易造成重金属污染等问题;锂离子电池比功率及比能量都高、充放电效率高、高温性能好、寿命长,但存在安全系数低、价格高、低温效能差等缺点。

表 2.1 主流蓄电池的性能优缺点对比

电池类型	优点	缺点	应用程度
铅酸电池	价格低、可靠性高、技术成熟	低温性能差、充电时间长、寿命短	应用广泛
镍镉电池	比能量高、比功率高、充放电次数可达 2 000 次	价格高、充电时间长、易造成重金属污染	部分应用
镍锌电池	比功率高、比能量高	价格高、充电时间长	少有应用
镍氢电池	比功率较高、比能量高、可实现快速充电、低温特性好	价格高、高温性能差、需要控制氢的损失	少有应用
锂离子电池	比功率高、比能量高、充放电效率高、高温性能好、寿命长	安全系数低、价格高、低温效能差	应用广泛

锂离子电池正极材料为锂化物或三元材料,负极材料为锂-碳层间化合物(LiC_6),电解液采用有机溶液,其工作原理如图 2.5 所示,电池充放电过程中,锂离子在电解液中往返于电池正负极。

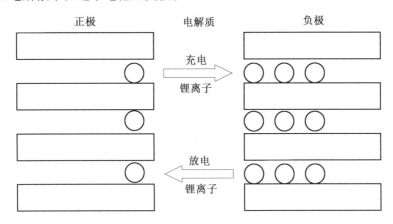

图 2.5 锂离子电池工作原理

根据锂离子电池正极材料的不同,锂离子动力电池又可分为三元动力电池($LiNiMnCoO_2$,NCM)、镍钴铝酸锂动力电池($LiNiCoAlO_2$,NCA)、磷酸铁锂动力电池($LiFePO_4$,LFP)以及锰酸锂动力电池($LiMn_2O_4$,LMO)等,而三元动力电池根据镍、钴、锰三种元素比例的不同又可分为$(NCM)_{333}$以及$(NCM)_{523}$等。

按照外形的不同,锂离子电池又可分为圆柱形锂离子电池和方形锂离子电池,其结构如图 2.6 和图 2.7 所示。

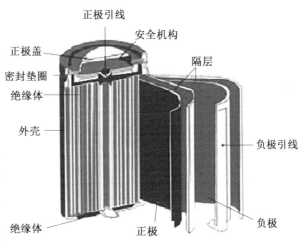

图 2.6 圆柱形锂离子电池结构

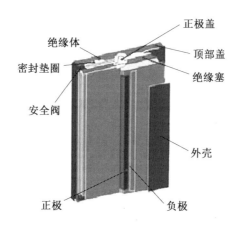

图 2.7 方形锂离子电池结构

典型锂离子电池特性比较见表 2.2。

表 2.2 典型锂离子电池特性比较

特性指标	三元动力电池		镍钴铝酸锂动力电池	磷酸铁锂动力电池	锰酸锂动力电池
	$(NCM)_{333}$	$(NCM)_{523}$			
电压/V	3.6~3.7	3.6~3.7	3.6~3.7	3.2~3.3	3.7~3.8
电芯比能量 /(W·h·kg^{-1})	170	210	260	150	140
系统比能量 /(W·h·kg^{-1})	≥110	≥130	≥150	≥110	≥100
工作温度/℃	放电: -30~55; 充电: -20~55	放电: -30~55; 充电: -20~55	放电: -30~55 充电:—	放电: -30~60; 充电: 0~60	放电: -30~50; 充电: -15~50
循环寿命/次	2 500	2 000	600	4 000	1 500
实际容量 (理论容量) /(mA·h·g^{-1})	140(278)	160(278)	180(274)	140(168)	100(145)

续表2.2

特性指标	三元动力电池		镍钴铝酸锂动力电池	磷酸铁锂动力电池	锰酸锂动力电池
	$(NCM)_{333}$	$(NCM)_{523}$			
优点	比能量高、使用寿命长	比能量高	比能量高	安全性好、成本低、使用寿命长	安全性好、成本低
缺点	安全性中、缺乏钴[①]	安全性差、缺乏钴	难度大、安全性差、缺乏钴	已达到比能量极限	已达到比能量极限

注：①钴具有防止电池过热、提高电池稳定性等作用。

以城市工况为例，汽车制动较为频繁，而制动产生越大的回馈电流，则越会影响蓄电池的使用寿命。当前蓄电池的充电速度较慢，废旧电池造成的环境污染等问题还没有解决，这使得许多学者开始寻求新的储能方式，例如飞轮储能、超导储能、超级电容器储能以及混合储能等，以获得更好的制动回馈效果。

2.2.2 飞轮储能

与车用蓄电池相比，飞轮电池具有比能量高、比功率高、充电速度快、使用寿命长等诸多优点，已成为电动汽车未来十分重要的动力电池之一。目前飞轮电池的使用寿命可达到 25 年，且充电时间只需 15 min，单次充电行驶里程可达 560 km。车用飞轮储能技术不仅可以应用于车辆制动能量回馈的储能装置，而且在电动汽车启动、爬坡或加速时，可以为车辆提供瞬时大功率。

飞轮储能系统主要由飞轮、电动机/发电机以及功率变换器等装置组成，其系统结构简图如图 2.8 所示，其工作原理主要是利用电动机带动飞轮储存动能，而当车辆需要使用能量时，则依靠飞轮带动发电机进行发电、释放动能，从而实现能量的回馈利用。

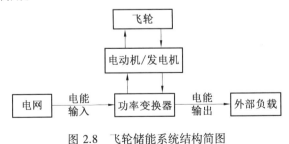

图 2.8 飞轮储能系统结构简图

部分飞轮储能技术已在某些车型上得到应用,美国的 Bescon Power 公司、Active Power 公司、NASA 机构,以及日本的日立集团、精工集团、三菱集团等企业和研究所都已研发出可商用的飞轮储能系统。国内目前多数还处于实验室转向商用的转化阶段,例如:北京飞轮储能柔性研究所、清华大学飞轮储能实验室、英利集团,以及华北电力大学等高校或研究所都已开展大量相关研究,但距离大规模商用仍存在一些需要解决的技术问题。图 2.9 所示为国内外典型的飞轮储能系统代表产品,其中图 2.9(c)所示为保时捷 911 GT3,该车型采用机电飞轮进行储能,飞轮转速最高可达 40 000 r/min。

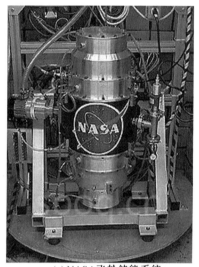
(a) NASA飞轮储能系统

(b) 盾石磁能科技飞轮储能系统

(c) 保时捷911 GT3

图 2.9　飞轮储能系统代表产品

在电动汽车上应用飞轮储能系统虽然可以有效提高能量利用率、降低能耗，但仍存在一些制约其广泛应用的问题，例如：安全性工艺学要求较高、成本较高、自放电率较高以及疲劳振动等。飞轮储能系统是当下极为环保的清洁储能装置之一，随着飞轮储能技术的发展完善，将继续向大容量、大功率以及减少自身损耗、降低成本等方向发展。

2.2.3 超导储能

超导储能系统（Superconducting Magnetic Energy Storage，SMES）主要由超导线圈、功率变换器、冷却系统以及控制单元等组成，其结构简图如图 2.10 所示。超导储能系统的工作原理主要是将电机制动产生的电能通过功率变换器转换成电磁能储存在超导磁体线圈中，当需要能量时，通过功率变换器将能量输出。

超导储能系统是一种使用寿命长、传输过程中没有电能损耗、可瞬时响应、存储效率高的高功率密度储能系统，将超导储能系统引入电动汽车储能系统中，可作为车载储能的一种辅助或替换方法。

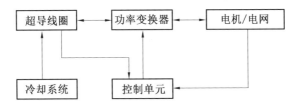

图 2.10　超导储能系统结构简图

研发超导材料是当前超导储能领域研究的重点。超导材料主要有低温超导材料、高温超导材料以及常温超导材料等。图 2.11 所示为我国科研人员成功研制的一种新型超导储能线圈，可以承受 500 A 电流。随着超导材料以及超导技术的发展，超导储能系统将会在汽车领域得到进一步应用。

由超导储能系统的结构特性可知，虽然超导储能系统在传输电能过程中并不会消耗能量，但其必须需要冷却系统，而冷却系统使超导磁体温度冷却到临界温度以下的过程中会造成能量的损耗，且增加了系统的成本，这也限制了超导储能系统在电动汽车上的应用。各机构在研发超导材料以及超导技术的同时也在积极研发超级电容器储能技术，该技术成本相对较低，能量转换效率更高。

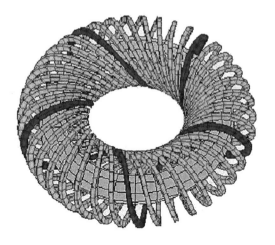

图 2.11　超导储能线圈

2.2.4　超级电容器储能

超级电容器(Super-Capacitor,SC)又称电化学电容器,是一种介于传统电容器与蓄电池之间的储能装置,具有充电速度快、功率密度较大、使用寿命长、容量大、可实现大电流的充放电、温度特性好、安全无污染等优势。根据其工作原理的不同,超级电容器可分为双电层电容器以及法拉第准电容器两大类。

超级电容器容量约为同体积传统电解电容器容量的 1 000 倍,其功率密度约为传统电池功率密度的 10 倍,其单体最大容量约为 6 000 F。由单体超级电容器组成的超级电容器组如图 2.12 所示。目前超级电容器主流厂商产品性能见表 2.3。

图 2.12　超级电容器组

表 2.3 超级电容器主流厂商产品性能

品牌	额定电压 /V	容量 /F	内阻 /mΩ	比能量 /(W·h·kg^{-1})	功率密度 /(W·kg^{-1})	峰值比功率 /(W·kg^{-1})	质量 /kg	体积 /L
Maxwell	2.7	2 800	0.48	4.45	900	8 000	0.475	0.32
Ness	2.7	10	25	2.5	3 040	27 000	0.002 5	0.001 5
Ashahi Glass	2.7	1 375	2.5	4.9	390	3 471	0.21	0.151
Panasonic（复合碳电极）	2.5	2 500	0.43	3.7	1.35	9 200	0.395	0.245
EPCOS	2.7	3 400	0.45	4.3	760	6 750	0.6	0.48
Okamura Power Sys	2.7	1 350	1.5	4.9	650	5 785	0.21	0.151
ESMA	1.3	10 000	0.275	1.1	156	1 400	1.1	0.547

我国湖南耐普恩有限公司开发设计的能量型超级电容器的储能量与同体积的传统蓄电池的储能量较为相近,成功打破了国外的技术垄断,且已达到世界先进水平。

目前我国公交汽车已有纯超级电容驱动的类型,其中奥威科技有限公司与南车株洲电力机车公司制造的纯超级电容公交车已成功出口至欧洲。图 2.13 所示即为超级电容器公交车。

图 2.13 超级电容器公交车

超级电容器储能系统主要由超级电容器组、直流(Direct Current to Direct Current,DC/DC)功率变换器、控制器以及电动机等组成,其结构简图如图 2.14 所示。在该类能量回馈系统中,通过 DC/DC 功率变换器,超级电容器可以实现向电动机供电或存储能量的功能。

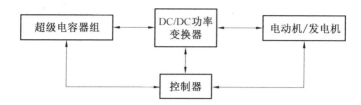

图 2.14 超级电容器储能系统结构简图

超级电容器目前仍存在一些问题:其能量密度较低,若作为单一动力源为电动汽车供能,会大幅增加车辆的生产成本;超级电容器部分关键技术问题还未完全解决,但企业以及科研院校等通过分析电动汽车储能系统高能量密度以及高功率密度等基本特征,认为将超级电容器与蓄电池结合作为混合电源系统较为可行,使超级电容器与蓄电池在混合电源系统中可以发挥各自的性能优势。

2.2.5 混合储能

混合储能是指通过串联或并联两种及两种以上不同特性的储能装置以及电动机、发电机等其他装置组合而成的储能系统,其有效结合了能量型储能和功率型储能各自的优势,不止具有单一储能特性,可进一步提高电动汽车的动力性和经济性。

表 2.4 所示为当前电动汽车常用的储能技术性能对比,从中可以看出蓄电池储能(如锂离子电池等)的能量密度较高且成本较低,但该类储能的功率密度较低。为突破单一储能技术的局限性,研发人员尝试将不同储能方式进行结合。

表 2.4 储能技术性能比较

储能系统	飞轮	超级电容	超导磁	锂离子电池	燃料电池
额定功率/MW	0~0.25	0~0.3	0.1~10	0~0.1	0~50
典型放电时间	s→h	ms→1 h	ms→8 s	min→h	s→24 h+
体积功率密度/($W \cdot L^{-1}$)	5 000	$(4~12) \times 10^4$	2 600	$(1.3~10) \times 10^4$	0.2~20
能量密度/($W \cdot h \cdot L^{-1}$)	20~80	10~20	6	200~400	600
每天自放电率/%	100	20~40	10~15	0.1~0.3	0
效率/%	80~90	85~98	75~80	65~75	34~44
循环寿命/年	15~20	4~12	——	5~100	10~30
循环寿命/次	104~107	105~106	——	600~1 200	103~104

目前锂离子电池与超级电容器相结合的复合电源系统应用较多,图2.15所示为该类型混合电源系统拓扑分类,一般可分为被动并联系统、半主动系统以及全主动系统。

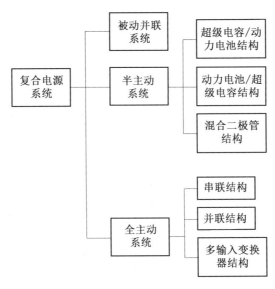

图 2.15　锂离子电池与超级电容器混合电源系统拓扑分类

图 2.16 所示为由蓄电池及超级电容器组成的混合电源储能系统结构简图,是目前常见的车载混合储能系统之一,可以结合蓄电池比能量大的特点以及超级电容器比功率大的优势,同时满足电动汽车对于比能量和比功率的需求,提高整车的动力性能和制动能量回馈能力,最大限度地增加电动汽车续驶里程。

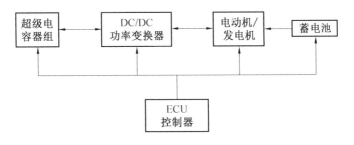

图 2.16　混合电源储能系统结构简图

菲亚特汽车公司、丰田汽车公司等汽车厂商均有采用蓄电池与超级电容器组合的混合电源储能系统的电动汽车车型,经测试,超级电容器的加入可以有效降低蓄电池的工作负荷。国内的汽车企业以及高校等科研机构也在加大对由超级电容器和蓄电池组成的混合电源储能系统的研发力度。混合电源储能技术可以充分利用不同储能技术的优点,是短时间内进一步提高能源利用率的关键技术之一。

制动能量回馈系统中不仅包含一种或多种大容量、高密度的储能装置,而且具有高效率、高转换率的 DC/DC 功率变换器,还需要运行稳定可靠的电动机等装置,为提高能量回馈系统的效率,更为充分合理地利用系统中的模块,需要优化设计系统的控制策略,从而协调控制各装置模块。

2.3 制动能量回馈控制策略

制动能量回馈控制策略可以综合控制液压制动系统和电制动系统,是电动汽车制动系统的关键技术之一。电动汽车制动过程中,电制动参与越多,则制动回馈能量越多,然而电制动与液压制动相互干涉,电制动力的参与程度由制动能量回馈策略进行控制,需要综合车速、所需制动力大小以及电机特性等因素的影响。所以与传统的纯机械制动相比较而言,制动能量回馈系统控制策略的设计直接影响着电动汽车制动能量回馈的效率以及制动的安全性。

2.3.1 制动力类型

制动力按照控制形式可以分为电制动力、液压制动力以及复合制动力。

电制动力是指电机通过调节发电机电流的大小,进而控制施加到车轴上的电制动力,并为整车制动提供制动力;液压制动力是指液压制动系统通过控制前后轮制动液的压力,施加给车轮的制动力;复合制动力是指通过协调电制动力以及液压制动力,使两者同时参与车辆的制动。对于电动汽车,控制复合制动力是制动能量回馈系统的关键技术之一。

制动能量回馈系统按回馈制动力与摩擦制动力的耦合关系可以分为协调式(串联式)以及叠加式(并联式)。

1. 串联式

串联式复合制动系统是在原液压制动系统以及制动踏板的基础上,通过制动踏板增加一段的空行程。在踏板新增空行程内,车辆由电制动系统为整车提供制动力,而随着进一步加大制动踏板的深度,液压制动系统开始工作,液压制动力与电制动力相叠加,两者同时发挥制动作用,如图 2.17 所示。

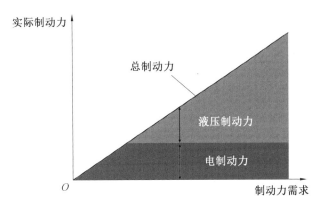

图 2.17　串联式复合制动

串联式复合制动系统的结构较为简单、稳定可靠,目前在车辆中应用较多,例如 BOSCH 公司的 RBS 以及 Continental 公司的 MK100 等产品,但该类系统的制动能量回馈效率相对较低。

2. 并联式

并联式复合制动系统中,制动踏板与液压制动系统完全解耦,对电制动力和液压制动力可分别独立进行控制,系统主要通过复合制动控制器对驾驶员的制动意图进行识别,合理分配电制动力以及液压制动力,如图 2.18 所示。

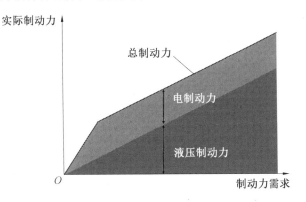

图 2.18　并联式复合制动

与串联式复合制动系统相比,并联式复合制动系统的制动能量回馈效率高,但复合制动控制器的结构较为复杂。并联式复合制动系统典型产品有 BOSCH 公司的 HAS HEV 制动系统、丰田 Priusta 第三代电控制动系统以及美国天合汽车集团研发的 Slip Control Boost 制动系统等。

与传统的纯机械制动相比,复合制动系统的结构以及控制更加复杂。采用复合制动系统也是提高制动能量回馈效率的重点途径之一。随着关键技术的不断发展和完善,复合制动系统的应用将会愈发广泛。

2.3.2 制动力分配控制策略

为了充分利用电制动力,传统电液复合制动的控制策略主要在车辆前轴采用电制动,且当电制动力矩达到峰值或者蓄电池的电量高于90%时,会逐渐降低电制动力,开始液压制动,并逐渐加大液压制动的参与程度,以适应车辆制动强度的要求。而当车辆可能出现车轮抱死时,也会控制电制动力逐渐减小,并使液压制动力逐渐增大,ABS系统也会介入。制动力分配控制策略对于车辆安全至关重要。

合理有效的制动力分配控制策略可以实现制动能量回馈效率最大化。协调分配电制动力以及液压制动力,不仅需要考虑制动能量回馈系统的工作效率,更需要保证车辆制动的安全性以及稳定性。

当前常见的制动力分配控制策略主要有:基于最佳回馈制动力的控制策略、基于最大制动能量回馈率的控制策略、基于 I 曲线分配的控制策略以及 ADVISOR 自带的查表法制动力控制策略等类型。

1. 基于最佳回馈制动力的控制策略

基于最佳回馈制动力的控制策略是指车辆在制动过程中,优先保证制动稳定,在此基础上尽可能地回馈制动能量,液压制动与电制动同时工作并以液压制动为主,按照给定的比例分配车辆前后制动力的大小,控制电制动力大小以实现制动能量的回馈。随着车速的降低,电制动力逐渐减小。

该控制策略保证了车辆制动的安全性以及稳定性,但是以机械制动为主,从而导致车辆能量回馈率较低。

2. 基于最大制动能量回馈率的控制策略

基于最大制动能量回馈率的控制策略是指在保证车轮不抱死的前提下,尽可能地使用电制动力,从而最大化制动能量回馈,提高制动能量回馈率。

该控制策略的制动能量回馈率较高,但是制动的稳定性较差,安全性较低。

3. 基于 I 曲线分配的控制策略

基于 I 曲线分配的控制策略是指在保证制动安全性及稳定性的前提下,基于 I 曲线分配前后轮的制动力。若车辆采用理想制动力分配控制策略,则车辆可以最大程度地利用地面的附着力从而实现最短的制动距离。以理想的制动力分配以及 ECE R13 法规为基础,以制动的稳定性和安全性为目标,车辆空载以及满载状态下前后轮制动力分配曲线如图 2.19 所示。图中，I 曲线是指车辆前、后轮同时抱死时前、后轮制动器制动力的关系，即理想的前、后轮制动力分配曲线；β 曲线是指前轮制动力与总制动力的比值曲线。

该控制策略理论上可以实现较高的制动能量回馈，并保证一定的稳定性，但实现该策略需要精确控制和分配前、后轮的制动力，对于控制器的要求极高，且目前大多数电动汽车的制动机构仍是传统的机械操纵机构，实现精确协调分配控制难度较高，不能有效按照 I 曲线的分配比例进行精准分配，故目前应用较少。

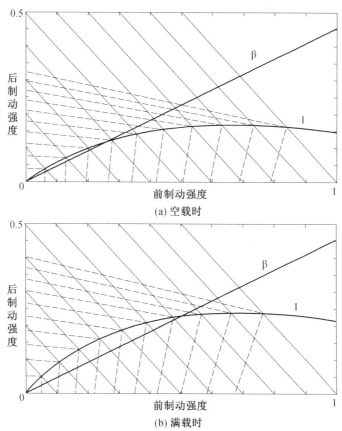

图 2.19 ADVISOR 自带的前后轮制动力分配曲线

4. ADVISOR 自带的查表法制动力控制策略

ADVISOR 自带的查表法制动力控制策略如图 2.20 所示。该策略是通过制动踏板的开度计算总制动力，再结合当前车辆的行驶速度，利用查表法计算电制动力与液压制动力的分配系数,最终由分配公式计算制动力的大小。

查表法分配公式:

$$F_{ff} = K_{ff} \times F \quad (2.1)$$

$$F_{gen} = K_{gen} \times F \quad (2.2)$$

$$F_{rf} = (1 - K_{ff} - K_{gen}) \times F \quad (2.3)$$

式中,K_{ff}为前轮摩擦制动力分配系数;K_{gen}为前轮电机制动力分配系数;F为总制动力;F_{ff}为前轮的摩擦制动力;F_{rf}为后轮的摩擦制动力;F_{gen}为电机的制动力。

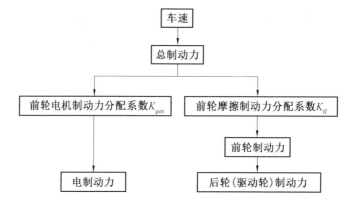

图 2.20 ADVISOR 自带的查表法制动力控制策略

该控制策略目前仍有许多弊端:

(1)车速变化会影响电制动力的大小,所以实时协调分配电制动力以及机械制动力的难度较大。

(2)该控制策略并未将电动机外特性以及蓄电池电量等因素考虑进去,不能充分利用电动机的制动能力,所以制动能量回馈效率并不高。

(3)处于实际工况时,车辆采用该控制策略会对制动的稳定性以及安全性存在一定的不良影响。

近些年来,国内外科研机构结合各种工况以及各方面因素对复合制动系统的制动力分配控制策略进行综合考虑,不断提出更适合实际工况的制动能量回馈控制策略,以提高制动能量回馈效率。

例如有学者提出了一种综合考虑制动安全性、稳定性和能量回收效率的制动能量回馈控制策略,该策略对纯电动汽车机械制动、机电混合制动和电制动力制动各自的工作区域进行划分,在不同的工作区域分别建立不同的数学模型。利用多目标粒子群优化算法对机电混合制动区域进行优化,选取优劣解距离法(Technique for Order Preference by Similarity to An Ideal Solution,TOPSIS 法)从某一制动强度、行驶车速以及电机最大再生制动力优化得到的非支配解中选出符合驾驶员制动意图的制动力分配方案,最后求得恒定车速下整个机电混合制动区域的制动力分配曲面,并通过仿真验证了该策略的有效性。

此外,如图2.21所示为一种改进后的模糊控制策略,该控制策略的原理主要是:根据理想制动力分配曲线以及车辆所需总制动力,分配前、后轮制动力,并计算电机制动力比例,同时采用模糊控制算法分配电机制动力以及前轮的摩擦制动力,从而完成制动能量回馈。模糊控制策略可以方便实现多输入、输出控制,其控制方便、稳定性好,故而在制动能量回馈系统中应用广泛。

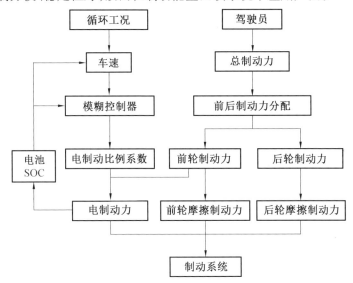

图 2.21 改进后的模糊控制策略

2.4 典型制动能量回馈系统

目前的电动汽车制动能量回馈系统中,最为常见的就是通过逆变器向蓄电池回馈电能。图 2.22 所示为常规制动能量回馈系统,该回馈系统主要由电动机、蓄电池、电动机控制器以及直流功率变换器等装置组成。其工作原理为:当电动机工作时,通过改变功率变换器开关 T_1 的 PWM 信号的占空比,将蓄电池电压升压,为电机供电;当电机制动时,利用电机自身的电感作为电源,通过控制 T_2 的 PWM 信号的占空比,利用电机产生的反电动势降压斩波,对蓄电池进行充电。在制动能量回馈过程中,电机通过逆变器进行能量回馈,制动能力与电机扭矩相关,回馈能量与车速成正比,随着车速减小,反电动势降压回馈的电压逐渐降低,直至电压小于等于蓄电池电压时,制动回馈过程结束。

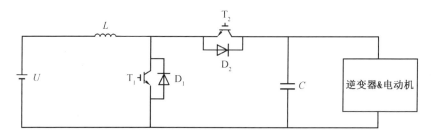

图 2.22　常规制动能量回馈系统

另一种常见的制动能量回馈系统为混合储能系统,如图 2.23 所示,该系统主要由蓄电池、超级电容器、双向 DC/DC 功率变换器、逆变器以及电动机等装置组成。其工作原理为:当电动机正常工作时,双向 DC/DC 功率变换器作为升压变换器,蓄电池以及超级电容器向电动机供能;而当电动机制动时,双向 DC/DC 功率变换器作为降压变换器,通过传感器检测电动机的转速以及超级电容器的电量,由控制器决定向蓄电池或者超级电容器进行能量回馈。

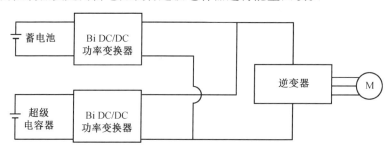

图 2.23　混合储能系统

针对混合储能系统,诸多高校等科研机构深入研究提出改进后更为高效的系统方案,如图 2.24 所示,仍然是由蓄电池以及超级电容器组合而成的混合储能系统,该系统通过控制 T_1 的通断降压从而控制电机供电或超级电容器充电;通过 T_2 的通断实现升压从而向蓄电池回馈能量。

目前制动能量回馈系统仍存在一些不足:

(1) DC/DC 功率变换器的设计受限于电路的最大电流及负载,且电子元器件高频率的开关动作会增加电路中的能量损耗。

(2) 电动机转速变化较大时,发电机的感应电动势向电源电压的斩波降压

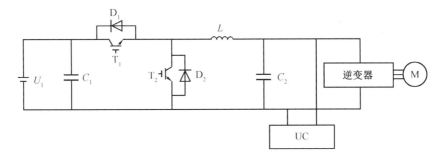

图 2.24 高效混合储能系统

变换比的范围较大,从而降低 DC/DC 功率变换器的效率。

(3)初始制动车速较低时,电机产生的反电动势较小,而因为 DC/DC 功率变换器的最大变压比,反电动势升压低于电源电压后将不再回馈能量。

(4)常规混合储能系统如图 2.23 所示,当系统使用两个 DC/DC 功率变换器时,增大了回馈系统体积,且两个 DC/DC 功率变换器需要输出不同的升压比,从而导致系统控制方法复杂,降低系统效率;而图 2.24 所示的系统,以电动机绕组电感作为升压电感,电感电流波动较大且发热量大,增大损害。

2.5 本章小结

本章主要阐述了如下内容:

(1)国内外制动能量回馈技术的研究现状。

(2)车辆常用的储能技术,如蓄电池储能、飞轮储能、超级电容器储能、混合储能以及超导储能等。

(3)基础的制动能量回馈策略,如基于最佳回馈制动力的控制策略、基于最大制动能量回馈率及回馈效率的控制策略、基于 I 曲线分配的控制策略以及 ADVISOR 自带的查表法制动力控制策略等。

(4)几种典型的制动能量回馈系统。

第3章 制动能量回馈系统总体方案设计

制动能量回馈系统的总体设计方案主要包括储能结构的设计、功率变换器的设计、系统控制方法的设计以及制动力分配控制策略的设计4个方面。

当前常见的电动汽车的动力源主要是单一的储能装置,绝大多数纯电动汽车将储能蓄电池作为车辆的唯一动力源。如果汽车动力源可以采用混合储能系统,将能量型储能器件与功率型储能器件相结合,一方面可以在一定程度上增加电动汽车的续驶里程,另一方面也可以增加蓄电池的使用寿命,进而提高电动汽车的经济性。如何对这些复杂的结构进行归纳、设计和评价总结一直是电动汽车领域的重要课题之一。

3.1 一种新型制动能量回馈系统

3.1.1 系统结构设计

本章基于混合储能系统以及制动能量回馈系统的基本原理提出了一种新型的制动能量回馈系统,其结构简图如图3.1所示,由可串/并联切换的超级电容器组以及蓄电池组组成的混合电源、DC/DC功率变换器、H桥型逆变器和电动机等装置组成。

3.1.2 系统工作原理

当电动汽车行驶时,主要动力源为蓄电池组,并将可以进行串/并联切换的超级电容器组作为辅助电源;而当电动汽车开始制动时,该系统开始回馈制动能量,超级电容器组则成为主要的储能装置,蓄电池组为辅助的储能装置。

驱动电机为能量转换装置,是纯电动汽车的唯一动力源,不仅可以产生车辆运行时所需的驱动力,同时还可以产生车辆所需的制动力。在电动机驱动车辆行驶的过程中,电动机将电能转化为驱动车辆行驶所需的动能;在制动时,电动机将车辆的动能通过电制动的形式转化为电能,产生制动。

第3章 制动能量回馈系统总体方案设计

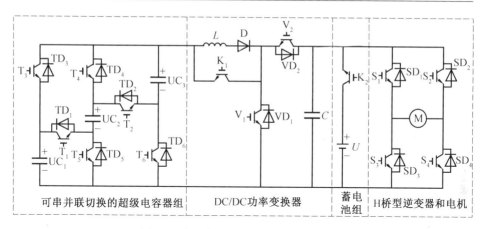

图 3.1 新型制动能量回馈系统结构简图

制动能量回馈技术工作过程为:通过新型制动能量回馈系统控制功率器件的开关状态,通过电动汽车的制动系统控制电动机的转速以及转矩,完成电动机由驱动工作状态向制动状态的转换,从而在车辆行驶过程中将动能转化为电能,并将其储存在相应的储能装置中。

1. 启动阶段

电动汽车启动阶段,在车辆所需瞬时功率较大且超级电容器组储存的能量较为充足的情况下,系统设计的储能方式为由超级电容器组向电机单独供能。如图 3.2 所示,系统控制 K_2、V_2 断开,T_1、T_2 导通,而系统中 V_1 则由 PWM 信号进行控制,充分利用超级电容器允许充放大电流的特点,通过 DC/DC 功率变换器进行升压变换,从而实现超级电容器组向电机单独供电。

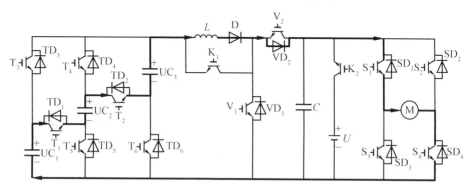

图 3.2 超级电容器组单独供能

2. 匀速行驶阶段

电动汽车在匀速行驶阶段所需功率较为稳定,由于超级电容器组多数情况下只能短时间供能,但蓄电池组的电能较为充足,并且可以长时间为车辆提供电能,故系统设计为由蓄电池组向电动机单独供能。如图 3.3 所示,系统通过控制 V_2 以及 V_1 断开,K_2 导通,从而实现蓄电池组向电动机单独供能。

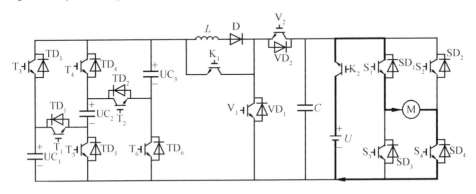

图 3.3　蓄电池组单独供电

3. 加速、爬坡阶段

电动汽车在加速、爬坡阶段所需功率较大,系统设计为蓄电池组和超级电容器组共同向车辆供能,其中蓄电池组可以为车辆提供一定的平均功率,而超级电容器组则为车辆提供所需功率中超出平均功率的部分。如图 3.4 所示,系统通过控制 V_2 断开,K_2、T_1 以及 T_2 导通,V_1 则由 PWM 信号进行控制,从而实现蓄电池组和超级电容器组共同向电动机供电。

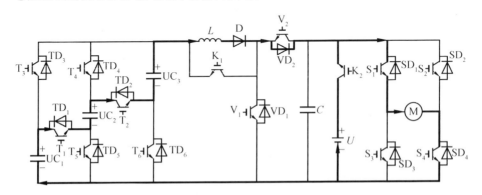

图 3.4　蓄电池组和超级电容器组共同供电

4. 制动阶段

电动汽车制动阶段,电动机开始进入制动能量回馈阶段,电动机以发电机的状态开始工作。而当发电机产生的感应电动势高于超级电容器组的端电压时,制动能量回馈状态如图3.5所示,系统控制 K_1、T_3、T_4、T_5 以及 T_6 导通,车辆一部分动能利用电动机转化为电能,并将其贮存到超级电容器组当中,同时系统控制 T_1 以及 T_2 进行周期性导通,以此实现超级电容器组中能量的均衡传递。

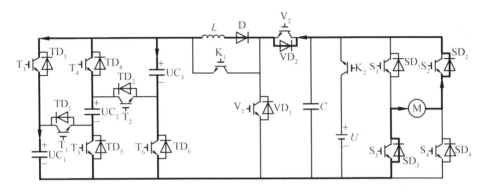

图3.5 制动能量回馈状态

当车辆进行制动时,随着车速的不断降低,电动机产生的感应电动势会随之下降,而当感应电动势降低到与超级电容器组并联电压相同时,电动机将不会再向超级电容器组进行制动能量回馈,制动能量回馈结束。

3.2 功率变换器的选择与设计

随着生产技术以及电子技术的不断发展,功率变换器已广泛应用于UPS系统、电动汽车驱动系统以及航空电源系统等领域。其中双向DC/DC变换器作为DC/DC变换器的双象限运行,其输入、输出电压极性不变,而输入、输出电流方向可变,从而实现了双向传递,在双向传递能量的场合可以减小系统体积,故得到广泛应用。

3.2.1 功率变换器分类

双向DC/DC变换器分类如图3.6所示,可分为隔离式以及非隔离式,其中隔离式应用较广。传统的隔离式双向DC/DC变换器根据直流源可分为电压源双向DC/DC变换器以及电流源双向DC/DC变换器。

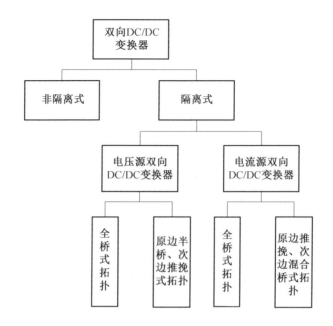

图 3.6 双向 DC/DC 变换器分类

1. 电压源双向 DC/DC 变换器

传统电压源双向 DC/DC 变换器结构简图如图 3.7 所示,其双向传递是由隔离变压器两侧的高频整流/逆变单元以及高频变压器完成。常见的电压源双向 DC/DC 变换器电路主要有全桥式拓扑以及原边半桥、次边推挽式拓扑两种。

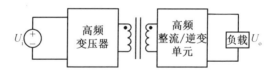

图 3.7 传统电压源双向 DC/DC 变换器结构简图

(1)全桥式拓扑。

图 3.8 所示为全桥式拓扑,由两个全桥电路作为高频整流/逆变单元,该电路通常通过移相控制功率流向及大小,常用于大功率场合。该电路控制较为简单,且便于通过加入有缘钳位电路、无缘谐振电路以及饱和电感使其功率开关均以软开关状态工作,但该电路使用变压器漏感进行能量传递,变换器效率降低,成本高,且环流能量较大。

(2)原边半桥、次边推挽式拓扑。

图 3.9 所示为原边半桥、次边推挽式拓扑,其变压器原边为半桥电路、次边

为推挽电路,主要应用于有中小功率需求的场合,该电路较为成熟,稳定性好,但为了保证磁通的平衡,该电路对变压器的要求较高。

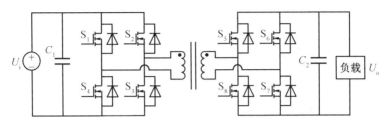

图 3.8　全桥式拓扑

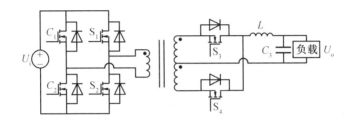

图 3.9　原边半桥、次边推挽式拓扑

2. 电流源双向 DC/DC 变换器

传统电流源双向 DC/DC 变换器结构简图如图 3.10 所示,与电压源双向 DC/DC 变换器的主要区别在于其在高频整流/逆变单元外增加了电感抑制电流纹波,减小了电解电容的体积。常见的电流源双向 DC/DC 变换器电路主要有全桥式拓扑以及原边推挽电路、次边混合桥式拓扑两种。

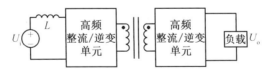

图 3.10　传统电流源双向 DC/DC 变换器结构简图

(1) 全桥式拓扑。

图 3.11 所示为全桥式拓扑,多应用于需要大功率且电源侧为电流源的场所。该电路与电压源全桥式双向 DC/DC 变换器相似,同样利用移相控制功率流向以及大小,同样可以使其功率开关均以软开关状态工作,但该电路具有瞬态电压尖峰以及启动等问题,制约了其应用。

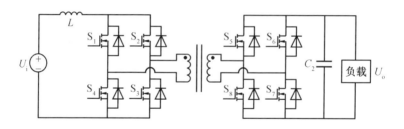

图 3.11 全桥式拓扑

(2) 原边推挽电路、次边混合桥式拓扑。

图 3.12 所示为原边推挽电路、次边混合桥式拓扑,多用于有中小型功率需求的场合,与电压源原边半桥、次边推挽式相似,其同样具有稳定、可靠的优势,但其推挽电路对主变压器要求较高。

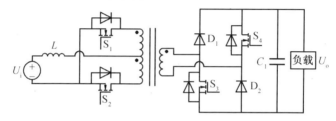

图 3.12 原边推挽、次边混合桥式拓扑

功率变换器是制动能量回馈系统中的关键装置,会显著影响储能装置的释能以及储能。提高功率变换器的工作效率,可以提高车辆的能量利用率,并减少功率变换器元器件的损耗,延长其使用寿命,从而提高制动能量回馈系统的效率及稳定性。

3.2.2 H 桥型逆变器

H 桥型逆变器又称为 H 型全桥式电路,其工作原理如图 3.13 所示。通过 H 桥型逆变器可实现电动机四象限运作,应用较为广泛。

H 桥型逆变器中的开关管均以斩波状态工作,其中 S_1 和 S_4 为一组,而 S_2 和 S_3 为一组,且两组开关管的导通与关断保持相对立的状态。当 S_1 和 S_4 这一组开关管处于导通状态时,S_2 与 S_3 关断,电机两端为正向电压,从而实现电机的正转或反接制动;而当 S_2 和 S_3 这一组开关管处于导通状态时,S_1 与 S_4 关断,电机两端为反向电压,从而实现电机的反转或正接制动。

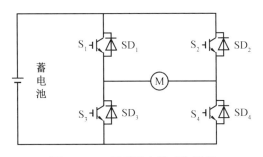

图 3.13 H 桥型逆变器工作原理

3.2.3 DC/DC 功率变换器设计

电动汽车行驶过程中,电动机由混合储能系统中的超级电容器组以及蓄电池组共同供能,其中超级电容器组辅助蓄电池组为电动机提供额外峰值功率;而车辆处于制动状态时,电动机将以发电机工作状态进行制动能量回馈,以超级电容器组作为储能装置,这将会使超级电容器组的电流以及电压发生较大变化。但制动能量回馈系统不能利用超级电容器组直接储能或者直接对外部进行供电,还需利用功率变换器进行变压。故而系统在 H 桥型逆变器和超级电容器组之间利用 DC/DC 功率变换器进行连接,从而使超级电容器组输出施加在电动机端的电压可以稳定在工作区域内,提高系统效率。

本次所提出的新型制动能量回馈系统拟采用经过优化设计的双向 DC/DC 功率变换器,可大幅度拓展制动能量回馈的车速范围,提高电动汽车续航里程以及制动能量回馈系统的工作效率,从而延长蓄电池的使用寿命。

1. 升压放电模式

功率变换器升压放电模式如图 3.14 所示,当电动机由超级电容器组进行供能驱动,且电机端电压 U_M 大于等于超级电容器组的端电压 U_{SC} 时,利用功率变

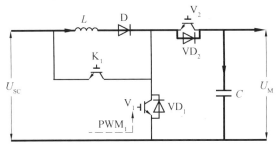

图 3.14 功率变换器升压放电模式

换器对超级电容器组进行升压,为电动机供能。超级电容器组在为电动机供能的过程中,其端电压U_{SC}降低,则需要系统调整V_1的占空比。

在V_2截止、V_1导通情况下,VD_1二极管反向截止,超级电容器组输出的电能经过电感并贮存在电感中;当VT_1断开时,电感开始放电,电流经过VD_2流向负载,超级电容器组以及电感同时向电动机供能。

2. 降压回馈模式

功率变换器降压回馈模式如图3.15所示,当电动汽车进行制动,电动机开始向超级电容器组回馈能量时,电动机端电压U_M大于超级电容器组端电压U_{SC},电动机通过功率变换器向超级电容器组回馈电能,超级电容器组端电压U_{SC}开始增大。

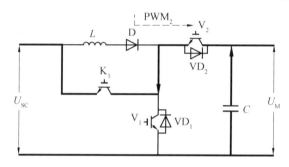

图3.15 功率变换器升压回馈模式

在V_2、K_1导通,V_1截止的情况下,电机回馈的制动能量以及在电容C中存贮的能量将共同流向超级电容器组,为其充电;而在V_2截止的情况下,电机产生的能量则只能流向电容C,VD_2会断开流向超级电容器组的能量。

3.3 新型制动能量回馈控制策略的设计

3.3.1 制动情况分析

电动汽车行驶过程中的制动工况不尽相同,可分为紧急制动、下长坡制动和正常制动,应针对不同的制动情况采取不同的控制策略。

1. 紧急制动

当车辆处于紧急制动情况时,车辆的制动强度十分大,此时制动力需求大且制动时间短,当由电动机提供最大的电制动力仍不足以满足制动需求时,制动力需求不足的部分则由机械制动力补足。但是因为制动时间较短,电动机即使提供最大电制动力,回馈的能量仍有限,所以紧急制动时系统设计应以机械制动为主。

2. 下长坡制动

当车辆处于下长坡制动情况时,车辆需求制动力较小且制动时间较长,此情况通过电动机的电制动力即可满足制动强度需求。所以该工况下车辆制动系统尽可能通过电动机产生的电制动力进行制动。

3. 正常制动

当车辆处于正常制动情况时,车辆的制动力需求强度一般,此时车辆制动力由电制动力以及机械制动力共同提供,其中电制动力达到最大,机械制动力则负责补足剩余不足部分。而当车辆制动后速度较低时,电动机产生的感应电动势相对较小,感应电动势经功率变换器升压后仍小于超级电容器组的端电压,则制动能量回馈结束,此时车辆只通过机械制动力进行制动,直至停车。

根据上述车辆 3 种主要制动工况分析可得:车辆下长坡制动以及正常制动时,制动能量回馈系统回馈效率较高,回馈能量较多,而车辆在紧急制动时,制动能量回馈系统回馈的能量最少。

3.3.2　新型储能系统制动能量回馈控制策略

结合 2.3 节"制动能量回馈策略"中所提及的理想制动力分配控制策略以及基于最佳回馈制动力的控制策略并对其进行优化设计,本节提出了一种新型储能系统制动能量回馈控制策略,如图 3.16 所示。

当驾驶员踩踏制动踏板时,制动踏板信号利用踏板模拟器传递到踏板传感器,从而得到制动踏板行程以及踏板的速度,进而获取驾驶员的制动意图以及制动强度;与此同时,车辆的制动系统利用所得到的车速、制动强度以及储能装置的电量等参数,并综合电动机的外特性,在保证车辆前轮不抱死的基础上,对车辆前后轮的制动力进行分配,并根据图 3.16 所示的策略控制电液制动状态,实现制动能量回馈。

该策略在实现制动能量回馈效率最大化的同时,可以保证制动的稳定性以及安全性。此策略下,车辆正常制动以及下长坡制动时将以电制动为主,并尽可能利用电制动力实现车辆减速以及停车;而紧急制动时,该策略以制动安全性为主,在保证车辆前后制动轮不会抱死的情况下,车辆将优先利用机械制动进行制动,以电制动力作为辅助。

具体各因素控制策略如下:

(1)轻度制动。

车辆轻度制动($z \leq 0.1$,z 为制动强度)时,控制电动机提供电制动力。

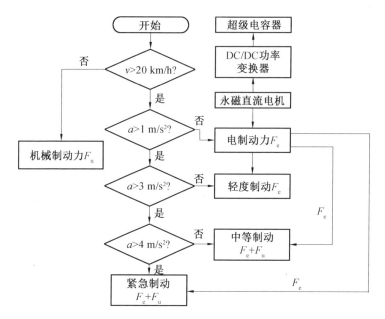

图 3.16 新型储能系统制动能量回馈控制策略

(2) 中等制动。

车辆中等制动（$0.1<z\leqslant0.7$）时，在满足 ECE R13 法规的前提下，优先使用电制动力，并合理分配前后轮制动力，使制动能量回馈效率最大化。

(3) 紧急制动。

车辆紧急制动（$z>0.7$）时，在保证制动的安全性以及稳定性的基础上，电动机将提供最大制动力，机械液压制动力则补偿不足部分。若检测到前后车轮发生抱死，ABS 将会介入并逐渐减小电制动力、逐渐增加机械液压制动力，电制动力减小部分与液压制动力增加部分相同。

(4) 超级电容器组电量。

在回馈时，若荷电状态 SOC<80%，则先对超级电容器组回馈；当超级电容器组电量 SOC≥80% 时，将停止充电以保护超级电容器组，并将回馈能量存贮到蓄电池组；若超级电容器组 20%≤SOC<80%，则超级电容器组停止放电，蓄电池组开始对超级电容器组进行充电。

(5) 电机转速。

在电机转速过低的情况下，当电机的回馈电压通过功率变换器变压后低于超级电容器组以及蓄电池组两端电压，且电制动力不再满足制动强度需求时，制动能量回馈过程就此结束。

第 3 章 制动能量回馈系统总体方案设计

通过上述分析可知,该系统控制策略可有效实现 3 种供电方式:
(1)超级电容器组单独供能,如图 3.2 所示,主要适用于车辆启动阶段。
(2)蓄电池组单独供能,如图 3.3 所示,主要适用于车辆匀速行驶阶段。
(3)蓄电池组和超级电容器组共同供能,如图 3.4 所示,主要适用于车辆加速以及爬坡等大功率需求阶段。

此外,该系统控制策略还可实现两种制动能量回馈模式:串联回馈以及并联回馈。

新型制动能量回馈系统与传统、常规的制动能量回馈系统相比具有许多优点:可串/并联切换超级电容器组以及蓄电池组组成的混合储能电源,可以提高车辆的动力性以及经济性;利用充放电回路控制可串/并联切换的超级电容器组优化后的制动力分配控制策略可有效提高制动能量回馈效率。

3.4 制动能量回馈系统的影响因素

汽车在城市道路行驶时,空气阻力对制动分析过程的影响较小,因此可以忽略空气阻力的影响。以下阐述其他几个对制动能量回馈系统的影响比较大的因素。

1. 电动机

电动机不但对电动汽车的动力性起决定性作用,而且是影响制动能量回馈系统能量转换装置的重要因素。电动机对制动能量转换的效率会直接影响制动能量回馈系统的工作效率。

电动机的电制动能力越强,提供的制动转矩越大,电制动力所占整个车辆的制动力的比例越大,制动回收转化的电能就越多。当电动汽车的制动速度低时,由电动机产生的感应电动势太小而不能实现再生制动。当电动汽车的制动速度为中等速度且制动力较大时,电动机产生的动力与电动机速度成正比。速度越高,功率越大,制动能量回馈越多。当电动汽车的制动速度较高时,电动机处于高速运行中。由于电动机的制动能力有限,制动能量损失更大。电动机的再生制动转矩受到功率和转速的制约,当制动强度过大时,电动机不能满足制动要求。

2. 储能装置

蓄电池为电动汽车常规的储能装置。其中,锂电池、铅酸电池和镍氢电池等能量型电池可以作为蓄电池的选择,而蓄电池充电效率受蓄电池的 SOC 值、蓄电池温度以及充电电流的限制。

为了防止过充、保护蓄电池,在制动能量回馈的过程中,需要考虑电池的荷电状态(SOC);由于制动的过程较短,在电动机转速较高时也要考虑最大充电电流,避免破坏电池;在制动能量回馈过程中,还要考虑充电时的环境温度;考虑回收时的功率不能超过电池的最大功率。

3. 制动力分配比例

电动汽车用制动能量回馈系统,无论是在前驱还是在后驱,都只用于驱动轮,其中一部分的制动能量是通过传统的摩擦损耗掉。因此,在保证制动过程稳定性和安全性的前提下,对驱动轮优先提供电制动力可以增加制动能量回馈的利用率,提高能量回馈效率。

4. 制动工况

电动汽车在城市道路行驶时,制动工况对电动汽车的制动能量回馈影响较深。行驶工况不同,汽车的制动频率不同,从而可回收的制动能量也不同。由于在行驶的过程中,电动汽车需要不断地加速和减速,轻度的制动情况较多。如果制动能量回馈系统的利用率越高,则制动能量的回馈就越多。电动汽车在高速公路行驶的过程中,车速较高,制动能量回馈的频率较低,导致制动能量回馈系统的利用效率较低,制动时回馈的能量较少。

5. 驾驶舒适性

制动能量回馈时,能够满足制动的稳定性和安全性,同时也要满足在制动过程中驾驶的舒适性。因此,制动能量回馈系统在参与制动的过程中,驾驶员制动的主观感觉需要和传统的燃油汽车制动踏板的主观感觉相似。

3.5 本章小结

本章主要阐述了:

(1)电动汽车制动能量回馈系统的总体方案设计,提出了一种改进的制动能量回馈系统方案,并针对车辆不同的工作状态采用了不同的控制方法,设计了相应的制动力分配控制策略。

(2)针对制动能量回馈系统中的核心技术以及装置部件,如蓄电池组同超级电容器组组成的混合电源系统、H桥型逆变器以及双向DC/DC功率变换器等进行了介绍,并阐述改进后的设计方案。

(3)对制动能量回馈控制策略进行了详细阐述。

(4)分析了影响制动能量回馈系统的因素。

第4章　电动汽车整车动力参数与设计

本章以某型号电动汽车整车相关参数作为研究基础,将指定的动力性能要求作为设计指标,基于汽车动力学和电动汽车的基本理论,对其进行动力系统参数的设计和匹配,分别计算车辆需求功率、减速器速比、驱动电机功率、驱动电机转矩及转速等参数。

4.1　整车参数及动力参数设计目标

4.1.1　整车质量

无论是电动汽车还是传统的燃油汽车,其整车质量参数是基础参数。整车质量参数与车辆的整体性能密切相关。电动汽车的整车质量参数与传统车辆相同,分为整备质量(即整车装备质量)和最大总质量。

汽车的整备质量即汽车完全装备好的质量,也就是人们常说的汽车自重。其规范定义是:汽车的结构质量加冷却液、燃料(不少于燃料箱容量的90%)、备胎和随车附件的总质量。通俗地说,整备质量就是汽车在正常条件下准备行驶时,未载人、未载物时的空车质量。

对于新能源电动汽车来说,其整备质量包括车辆的主要零部件以及车辆必备设备的质量,还包括安全设备、润滑油、燃料、电池、备胎、洗涤液及随车工具等所有装置的质量总和。

最大总质量是指汽车装备齐全,并按规定装满客(包括驾驶员)、货时的质量。

4.1.2　整车动力性

汽车的整车动力性是指汽车在良好路面上直线行驶时由其受到的纵向外力决定的所能达到的平均行驶速度。汽车为一种高效的运输工具,其运输效率在很大程度上取决于汽车的整车动力性。所以,汽车的整车动力性是汽车的各种性能中最基本,也是最重要的性能。汽车的整车动力性指标主要包括以下3个方面：

(1)汽车的最高行驶速度,即最高车速,用 u_{max} 表示。

(2)汽车的加速时间,即汽车加速到某一速度所需的时间,用 t 表示。

(3)汽车的最大爬坡度,即汽车最大的爬坡能力,用 i_{max} 表示。

汽车的最高行驶速度是指在水平、路况良好路面(混凝土或沥青路面)上,汽车能够达到的最高车速。一般来说,最高车速是指设计车速;实际最高车速往往超过设计车速。最高车速的选择是由车辆的实际工况和整车动力性共同确定的。

汽车的加速时间表明了汽车的加速能力,它对汽车的平均行驶车速有很大的影响,尤其是现在的小型车辆,如轿车,较为重视加速时间的长短。通常用原地起步并加速到某一速度所需的时间和超车时所需的加速时间来表明汽车的加速能力。

汽车的最大爬坡能力是指车辆在满载(或装载某一指定质量)时,在良好路面上所能达到的最大爬坡度。对于电动汽车,爬坡时应置于最低档或者处于低速大扭矩范围。i_{max} 表示的是汽车在极限状态的爬坡能力,它比实际行驶中所能遇到的道路最大坡度要大得多,其原因是:在设计过程中需要考虑在实际坡道行驶时,能够在坡路上顺利起步并克服由于路面不平而导致的局部大阻力情况。不同种类和不同功用的汽车对爬坡能力的需求也不一样。

4.1.3 整车参数

以某电动汽车为研究对象,其整车质量为 1 200 kg,满载质量为 1 600 kg,最高设计车速为 120 km/h,整车基本相关参数见表 4.1。

表 4.1 整车基本相关参数

参数	数值
整车质量/kg	1 200
汽车满载质量/kg	1 600
汽车满载前轴载荷/kg	960
汽车满载后轴载荷/kg	640
汽车最高车速/(km·h^{-1})	120
轮胎滚动半径/mm	312
汽车迎风面积/m^2	2.0
风阻系数	0.2

4.1.4 设计目标

电动汽车动力系统关键部件参数的选择与设计,对电动汽车的整车动力性影响很大。驱动电机、动力电池组和传动系统是电动汽车的重要组成部分。

如果驱动电机功率选择过大,则会造成电机功率的浪费,增加成本;如果驱动电机功率选择过小,则会在一定程度上降低电动汽车的整车动力性。如果动力电池组过多,不仅使得整个储能系统体积变大,也会使得整车质量和成本大幅度增加,甚至会使整个汽车内部结构的布置难度增加;如果动力电池组太少,将无法满足电机功率的需求,从而使电动汽车需求的大功率和远距离的续航能力无法得到充分的保证,从而导致电动汽车的整体经济性和整车动力性下降。传动系统是将电机与前后轮轴连接起来的关键机构,传动比的设计需要同时满足驾驶员的驾驶需求和电机的驱动能力。

电动汽车动力参数的设计内容主要包括驱动系统布置方式、电池和电机参数的匹配以及电机控制方法设计。整车动力参数设计目标如图 4.1 所示。

电动汽车动力系统参数匹配与设计的步骤分为初步参数设计、性能检验和整车参数协调匹配。初步参数设计的内容是将整车参数及动力性能的目标作为出发点,进行相关理论的推导、计算和对比,并最终确定用于驱动电机的类型和参数,然后根据电机的功率需求和动力性能,确定动力电池组的类型、容量以及传动系统减速器的传动比。

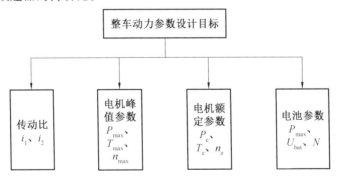

图 4.1 整车动力参数设计目标

图 4.1 各变量含义如下:

P_{max} 为纯电动汽车用于驱动的电机最大功率,需同时满足纯电动汽车保持最高车速行驶时的所需功率 P_{max1}、电动汽车以一定的车速行驶在最大爬坡度的道路上时所需功率 P_{max2}、电动汽车在良好的路面上加速直线行驶时所需瞬时功

率 P_{max3}。

$$P_{max} \geq \max(P_{max1}, P_{max2}, P_{max3})$$

$$P_{max1} = \frac{1}{\eta_T}\left(\frac{mgf_f v_{max}}{3\,600} + \frac{C_D A v_{max}^3}{76\,140}\right)$$

式中，η_T 为纯电动汽车的机械传动效率；m 为纯电动汽车满载质量，kg；f_f 为道路阻力系数；v_{max} 为汽车的最高设计车速，km/h；C_D 为空气阻力系数；A 为迎风面积，m²。

$$P_{max2} = \frac{1}{\eta_T}\left(\frac{mgf_f v_a \cos\alpha_{max}}{3\,600} + \frac{mgv_a \sin\alpha_{max}}{3\,600} + \frac{C_D A v_a^3 \cos\alpha}{76\,140}\right)$$

式中，v_a 为车速，km/h；$\alpha = \text{acrtan}\ i$，$i$ 为道路坡度。

$$P_{max3} = \frac{1}{\eta_T}\left(\frac{mgf_f v_a}{3\,600} + \frac{C_D A v_a^3}{76\,140} + \frac{\delta m v_a dv}{3\,600 dt}\right)$$

式中，δ 为汽车旋转质量转换系数，根据相关经验公式取值；dt 为时间迭代步长。

T_{max} 为电机的最大扭矩，与电机峰值功率 P_{max} 成正相关，与电机峰值转速 n_{max} 呈负相关：

$$T_{max} = \frac{9\,550 P_{max}}{n_{max}}$$

n_{max} 与纯电动汽车的车速之间存在直接联系，具体的表达公式为

$$n_{max} = \frac{i_g i_0}{0.377 r} \cdot v_{max}$$

式中，n_{max} 为电机峰值转速，r/min；i_g 为变速器传动比；i_0 为主减速器速比；v_{max} 为汽车的最高设计车速，km/h；r 为轮胎滚动半径，m。

P_e 为根据峰值功率得到的电机额定功率：

$$P_e = \frac{P_{max}}{\lambda}$$

式中，λ 为电机过载系数，一般取 2~3。

T_e 为电机的额定转矩：

$$T_e = \frac{9\,550 P_e}{n_e}$$

n_e 为电机的额定转速，可根据电机峰值转速得到：

$$n_e = \frac{n_{max}}{\beta}$$

式中，β 为电机扩大恒功率区系数，通常取 2~4；P_{max} 为满足电机最大需求功率时的动力电池最大输出功率，kW；U_{bat} 为电池组额定电压，V；N 为单体电池数目。

4.2 电动汽车行驶动力学分析

电动汽车在正常行驶的过程中所受到的行驶阻力主要包括空气阻力、滚动阻力和爬坡阻力；另外，当汽车加速行驶时，还会受到加速阻力的作用。因此，电动汽车在正常行驶过程中的力平衡方程可以表示为

$$\sum F = F_f + F_i + F_w + F_j \tag{4.1}$$

式中，F_f 为滚动阻力；F_i 为坡度阻力；F_w 为空气阻力；F_j 为加速阻力。

电动汽车行驶在良好的路面时，F_f 的大小用垂直路面的重力分量与滚动系数乘积来表达：

$$F_f = mg f_f \cos \alpha \tag{4.2}$$

式中，m 为汽车整车质量；g 为重力加速度；f_f 为滚动阻力系数；α 为行驶路面的坡度角。

F_w 可表示为

$$F_w = \frac{C_D A v_a^2}{21.15} \tag{4.3}$$

式中，C_D 为空气阻力系数；A 为汽车迎风面积；v_a 为车速。

当电动汽车爬坡时，所受到的 F_i 可表示为

$$F_i = mg \sin \alpha \tag{4.4}$$

当电动汽车在坡度角较小的路面行驶时，坡度角可表示为

$$i = \frac{H}{L} = \tan \alpha \approx \alpha \tag{4.5}$$

当电动汽车在无坡度、路况良好的路面直线加速行驶时，还需要克服 F_j。F_j 通常表示为

$$F_j = \delta m \frac{dv}{dt} \tag{4.6}$$

式中，δ 为旋转质量换算系数，$\delta>1$。

由汽车行驶过程中的力平衡关系可知，电动机输出的驱动力应等于总阻力，其表达式为

$$F_t = \sum F = F_f + F_i + F_w + F_j \tag{4.7}$$

因此,电动汽车所需的额定功率可表示为

$$P_e = \frac{1}{\eta_r}\left(\frac{mgf_r v_a \cos\alpha}{3\,600} + \frac{mgv_a \sin\alpha}{3\,600} + \frac{C_D A v_a^3 \cos\alpha}{76\,140} + \frac{\delta m v_a \cos\alpha}{3\,600} \cdot \frac{dv}{dt}\right) \quad (4.8)$$

4.3 动力系统参数设计

4.3.1 电动机参数

电动汽车对车载驱动电机的基本性能要求为:

(1)具有较大范围的调速能力,即在低速运行时能提供较大的转矩,在高速运行时能提供较高的功率,同时能够根据驾驶员对加速踏板的控制力度实时调整电动汽车行驶的速度和相应驱动力。

(2)高效率,即在较大的转速和转矩范围内,能够获得最优的效率。在典型的驾驶循环状态,能够获得85%~93%的效率。

(3)制动能量回馈效率较高。

(4)体积较小,质量较轻。

(5)稳定性和可靠性好,适应环境的能力较强,维修方便,价格低。

当前主流车用电动机优缺点对比见表4.2。

表4.2 车用电动机优缺点对比

电动机类型	优点	缺点
直流电动机	成本低,调速容易,控制简单,技术较为成熟	存在碳刷和换向器,需要定期进行维护,体积和质量很大,效率低
交流感应电动机	效率较高,结构较为简单,可靠性高,免维护,体积小,质量轻,使用寿命长	电动机控制器成本较高
永磁无刷直流电动机	容易控制,可以输出大转矩	转矩脉动大
永磁交流同步电动机	转矩脉动小,控制复杂,可实现恒功率、宽范围的调速	同永磁无刷直流电动机相比输出转矩较小

续表4.2

电动机类型	优点	缺点
开关磁阻电动机	结构较为紧凑,性能可靠,运行效率高,驱动电路简单成本低,能够实现四象限运行	转矩脉动大,质量和噪声较大

经过对电动机技术成熟度及成本要求的综合考虑,此处选用永磁无刷直流电动机。永磁无刷直流电动机采用永磁材料代替电动机的励磁绕组,有效地利用了电动机的径向空间,很大程度地减小了定子直径,使它的能量密度和效率相比普通电动机有了较大的提高,其最大效率可以达到92%;此外,其定子采用的高性能钕铁硼永磁材料励磁,具有能量转换效率高、高效区范围宽、体积小、质量轻、换向性能好、电刷寿命长等优点。

电动机的设计参数主要包括低速恒定功率 P_m、额定转速 n_m、最高转速 n_{max} 和额定电压 U_e 等,电动机相关参数的设计需要满足车速范围宽和转矩变化大的要求。电动机扩大恒功率系数 β 是电动机最高转速与电动机额定转速的比值。当电动机功率保持在一个定值时,电动机转速会随着系数 β 值的增大而下降,但是电动机的额定功率反而增大。电动机转矩越大,电枢电流越大,功率变换器的尺寸和损耗也越大。电动机额定转速为

$$n_m = \frac{n_{max}}{\beta} \tag{4.9}$$

电动机额定功率的选择应当将整车动力性能作为目标,当纯电动汽车保持最高车速 v_{max} 行驶时,电动机的功率可表示为

$$P_{max} = \frac{1}{\eta_\tau}\left(\frac{mgf_f v_{max}}{3\,600} + \frac{C_D A v_{max}^3}{76\,140}\right) \tag{4.10}$$

式中,P_{max} 为电动汽车以最高车速行驶需要消耗的功率;η_τ 为传动效率。

当电动汽车以一定的车速行驶在最大爬坡度的道路上时,电动机输出的最大功率为

$$P_{max2} = \frac{1}{\eta_\tau}\left(\frac{mgf_f v_a \cos\alpha_{max}}{3\,600} + \frac{mgv_a \sin\alpha_{max}}{3\,600} + \frac{C_D A v_a^3 \cos\alpha}{76\,140}\right) \tag{4.11}$$

电动汽车在良好的路面上加速直线行驶时,所需要的瞬时功率为

$$P_{max3} = \frac{1}{\eta_\tau}\left(\frac{mgf_f v_a}{3\,600} + \frac{C_D A v_a^3}{76\,140} + \frac{\delta m v_a}{3\,600} \cdot \frac{dv}{dt}\right) \tag{4.12}$$

当电动汽车加速到最大速度时,驱动电机最大功率 P_{max} 必须满足以上工况

的功率要求,即

$$P_{\max} \geqslant \max(P_{\max 1}, P_{\max 2}, P_{\max 3}) \quad (4.13)$$

式中,可以选择 $P_{\max}$ 作为驱动电机的峰值功率,峰值功率越高,电动汽车的整车动力性就越好。在电动机功率一定时,电动机端的电压越高,电动机中电枢的电流就越小,就会使得输电过程损失的电能减小;如果电压过高,系统安全性就会降低,对汽车电子器件的安全性影响较大。因此,电动机电压可以根据电池组电压的选择来进行设计。

4.3.2 电池参数

从经济性和安全性的角度出发,电动汽车所使用的蓄电池应具备以下特点:充电特性优良、能量密度和功率密度较高、温度特性良好和自放电率较低等。衡量电动汽车优良特性的标准之一是电动汽车的续航能力。续航能力主要取决于动力电池容量的大小,电池容量越大,电动汽车所能储存的能量越多,但是如果电池容量选择过大,会增加储能装置的质量和体积,可能会影响到汽车内部设备的排布,反而会降低汽车的经济性。电动汽车电池容量的确定应当参考电动汽车的动力需求和设计需求,同时也要参考现有的电动汽车动力电池的相关参数。参考国产小型电动汽车选用的电池参数,本次选用了容量为 68 A·h 的铅酸电池,整体共采用 12 个 12 V 的铅酸电池。

忽略爬坡阻力和加速阻力,蓄电池输出功率为

$$P_1 = \frac{1}{\eta_\tau}\left(\frac{mgf_\mathrm{f} v_\mathrm{a}}{3\,600} + \frac{C_\mathrm{D} A v_\mathrm{a}^3}{76\,140}\right) \quad (4.14)$$

动力电池的容量匹配需要满足车辆的经济性能指标。本书选择 40 km/h 等速行驶工况下的续驶里程作为评价指标,当电动汽车行驶里程为 S 时,消耗的能量为

$$P_2 = \frac{v_\mathrm{a}}{3\,600\eta}\left(mgf_\mathrm{f} + \frac{C_\mathrm{D} A v_\mathrm{a}^2}{21.15}\right)$$

$$W = P_2 t = P_2\left(\frac{S}{v_\mathrm{a}}\right) \quad (4.15)$$

式中,P_2 为汽车等速行驶时所需功率,kW;S 为设计的续驶里程,km;v_a 为车速,取 40 km/h。

根据电池相关特性,单个电池所能提供的最大功率为

$$P_{\mathrm{bmax}} = \frac{2E^2}{9R_{\mathrm{int}}}$$

第4章 电动汽车整车动力参数与设计

式中,E 为电池的电动势,V;R_{int} 为电磁的等效内阻,Ω。

为了满足驱动电机能以峰值功率运行要求,得到所需电池单体数目为

$$N = \frac{P_{emax}}{P_{bmax}\eta_{m+mc}}$$

式中,P_{emax} 为电机最大需求功率,kW;P_{bmax} 为单体电池最大输出功率,kW;η_{m+mc} 为驱动电机加电机控制器的工作效率。

其中,电池单体数目与电池容量、电池电压的关系为

$$C \geq \frac{W \times 1\,000}{\eta u n}$$

$$W = \frac{n\eta u C}{1\,000} \tag{4.16}$$

式中,η 为电池输出的功率,$\eta = \eta_1 + \eta_2$,η_1 为电池有效放电深度,此处取 90%,η_2 为电机平均效率,此处取 80%;W 为消耗的电池能量;n 为电池单体个数;u 为单体电池电压;C 为单体电池容量。

4.3.3 传动比

传动比是除了电机参数和电池参数之外又一个能够影响电动汽车整车动力性的重要参数。

传动比相关参数的设计既要考虑到电动汽车在不同工况下行驶的变速要求,又要保证驱动电机可以高效地工作,从而进一步提高储能装置充放电的效率。本次设计的传动系为纯电动汽车的传动系统,采取固定速比齿轮形式。

电动汽车传动系统固定速比的设计要求主要包括:在恒转矩区,可以使驱动电机输出较高的转矩;在恒功率区,可以在保持功率的同时保持恒定的高转速。传动系统中最小传动比 i_{0min} 的值与电机的最高转速 n_{max}、电动汽车的最高车速 v_{max} 相关,其数学关系式为

$$i_{0min} \leq 0.377 \frac{n_{max}}{v_{max}} r \tag{4.17}$$

式中,r 为轮胎滚动半径,m。

传动系统中最大传动比 i_{0max} 的值和电动机的峰值转矩 T_{max} 以及电动汽车最大爬坡度 i_{max} 有关,数学关系式为

$$i_{0max} = i_g i_0 \geq \frac{mgf_f\cos\alpha_{max} + mg\sin\alpha_{max}}{T_{max}\eta_t} \tag{4.18}$$

式中,$\alpha_{max} = \arctan i_{max}$;$i_g$ 为变速器最低档速比;i_0 为主减速器比。

将表4.1中整车基本相关参数代入上述公式(4.2)~(4.18)中,最终得到永磁无刷直流电动机的相关参数、铅蓄电池的相关参数和减速装置传动比的参数,超级电容器参数由新型系统的需求得到。电动汽车动力参数见表4.3。

表 4.3 电动汽车动力参数

部件	参数	数值
永磁无刷直流电动机	最大功率/kW	67
	最大转矩/(N·m)	112
	额定功率/kW	55
	额定转速/(r·min^{-1})	3 000
铅蓄电池	电池组电压/V	144
	电池组容量/(kW·h)	68
超级电容器	额定电压/V	60
	额定容量/F	400
减速装置	总传动比	5.79

4.4 本章小结

本章以某电动汽车的整车相关数据作为参考,以电动汽车的动力性能要求为目标,对其动力系统参数进行匹配设计。根据汽车动力学理论、电动汽车理论,分析并计算了电动汽车的需求功率、电动机额定功率、电动机最大功率、电动机最大转矩和转速,以及减速装置传动比,最后给出了该车型的相关动力参数,为之后的 Matlab/Simulink 建模提供了一定的理论依据。

第5章 制动能量回馈系统的建模与仿真

数学建模是从实际问题出发来建立数学模型,并通过求解模型解决问题。建立数学模型的过程中忽略一些对现实影响较小的因素,可使建立的模型更加精准、简易、便于操作,从而更为合理地反映实际。本章主要内容是基于第3章提出的新型制动能量回馈系统,建立数学模型并进行仿真分析,以此验证系统的可行性。本次所提出的新型制动能量回馈系统的数学建模过程主要包括:首先根据制动过程中的能量转换原理进行理论分析,从而得出数学模型的关系式,然后建立应用于制动能量回馈系统仿真分析的模型:Simulink电源模型、功率变换器模型、H桥逆变器-电机模型、制动能量回馈动力学模型及所提出的新型制动能量回馈系统模型。

5.1 电动汽车制动能量回馈系统的建模

5.1.1 数学建模

汽车设计过程中汽车的安全性和稳定性是极为重要的两个性能指标,而车辆所能满足的最大制动强度是影响稳定性和安全性的重要因素之一。制动强度 z 的大小受踏板力、踏板行程和踏板速率等参数影响,故制动强度 z 的相关方程和公式较为复杂。本次研究的制动回馈工况包括:轻度制动、中度制动和紧急制动,并根据第3章提到的在不同制动工况下制动强度数值的参考范围,此处选取了不同的制动强度值作为制动工况的阈值条件。

驾驶员进行制动时,制动系统通过感知制动踏板获得所需制动强度 z。根据制动强度定义,制动力可以表示为

$$F = mzg \tag{5.1}$$

式中,m 为整车质量;g 为重力加速度。

根据受力分析可知,制动过程中车辆需要克服滚动阻力 F_f、空气阻力 F_w、坡

道阻力 F_i 以及总制动力 F_b，令车辆减速度 $\dfrac{\mathrm{d}v}{\mathrm{d}t}=zg$，则制动力的平衡方程可以描述为

$$m\frac{\mathrm{d}v}{\mathrm{d}t}=-(F_\mathrm{w}+F_\mathrm{f}+F_\mathrm{i}+F_\mathrm{b}) \tag{5.2}$$

其中，F_f、F_w、F_i 和 F_b 可表示为

$$\begin{cases} F_\mathrm{f}=mgf\cos\alpha \\ F_\mathrm{w}=\dfrac{C_\mathrm{D}A}{\rho v_\mathrm{a}^2} \\ F_\mathrm{i}=mg\sin\alpha \\ F_\mathrm{b}=F_\mathrm{ff}+F_\mathrm{rr} \end{cases} \tag{5.3}$$

式中，f 为滚动阻力系数；α 为爬坡角度；C_D 为风阻系数；ρ 为空气密度；F_ff 为前轮制动力；F_rr 为后轮制动力。

以城市工况为例，车辆可忽略空气阻力和爬坡阻力，则具有制动能量回馈系统的电动汽车总制动力可以表示为

$$F_\mathrm{b}=F_\mathrm{e}+F_\mathrm{u} \tag{5.4}$$

式中，F_e 为电磁制动力；F_u 为机械制动力。则制动过程中的力学平衡方程可以简化为

$$m\frac{\mathrm{d}v}{\mathrm{d}t}=-(F_\mathrm{f}+F_\mathrm{b}) \tag{5.5}$$

则有

$$v_\mathrm{t}=v_0-\int\frac{(F_\mathrm{f}+F_\mathrm{b})}{m}\mathrm{d}t \tag{5.6}$$

式中，v_t 为车辆当前时刻速度；v_0 为车辆初始速度。

车辆制动时产生的动能 E_k 为

$$E_\mathrm{k}=m(v_0^2-v_\mathrm{t}^2)/2 \tag{5.7}$$

电动汽车电动机产生的驱动转矩 T_t 经过传动系统传到驱动轮上，则有

$$F_\mathrm{e}=\frac{T_\mathrm{t}}{r_\mathrm{w}} \tag{5.8}$$

式中，F_e 为驱动力；r_w 为车轮滚动半径。

而驱动转矩 T_t 是驱动电机产生的电磁转矩经过车辆的传动系统传递到车轮轴，间接传递到驱动轮上。令驱动电机的电磁转矩为 T_m，传动系统机械效率为 η_t，电动机扭矩常数为 k，电动机电枢电流为 I_m，则有以下关系式：

$$T_t = T_m i_g i_0 \eta_t \tag{5.9}$$

$$F_e = \frac{T_m i_g i_0 \eta_t}{r} \tag{5.10}$$

$$T_m = k I_m \tag{5.11}$$

式中，i_g 为变速器传动比；i_0 为主减速器传动比。

令 $K_e = \dfrac{k i_g i_0 \eta_t}{r}$，$K_e$ 为电磁制动力系数，则有

$$F_e = K_e I_m \tag{5.12}$$

发电机转速和车速的关系为

$$n_g = \frac{v_t b}{0.377 r_w} \tag{5.13}$$

$$b = i_g i_0 \tag{5.14}$$

式中，n_g 为发电机转速；b 为车辆传动系总传动比。

电机感应电动势与其转速之间的关系式为

$$E = \frac{4.44 N K_m p n_g \Phi}{60} \tag{5.15}$$

式中，E 为发电机产生的感应电动势；N 为线圈匝数；K_m 为电机感应电动势常系数(为 1.1~1.25)，其大小与电机结构有关；p 为极对数；Φ 为磁通量。

5.1.2 Simulink 建模

Simulink 是以美国 Mathworks 公司推出的 Matlab 环境为基础开发的，通过模块框图连接和数据设定，进行多域运算仿真以及基于模型的设计。Simulink 具备各种专业领域的仿真模块，其仿真模块的可读性很强，并且为用户提供了一个可以进行动态系统建模、仿真和综合运算分析的环境。Simulink 具有应用面广、仿真程度高、效率高、灵活性强等优点，广泛应用于线性系统、非线性系统、控制工程理论和数字信号处理等方面的建模与仿真。

本次提出的电动汽车制动能量回馈系统的建模与仿真，主要用到了其中的 Simulink 和 Power System Block 模型库，可以根据所提出系统建立的电路图和动力学数学模型，进行模块化建模、运算和仿真。

以城市工况为例，车辆的低速行驶时间长且制动频率高，故可回馈的制动能量较多，而常规的制动能量回馈系统在此类情况下无法进行能量回馈或制动能量回馈的回馈效率较低；传统、常规的系统主要是通过电机电感将反电动势进行升压，然后进行能量回馈，而由于升压比的限制，升压效率较低，与此同时电机自

身电感电流波动较大,导致电机发热严重,损耗增加。根据第3章所提出的制动能量回馈系统以及本章推导的公式(5.1)~(5.11),采用模块化设计建立了制动能量回馈系统的 Simulink 仿真模型,如图5.1所示。

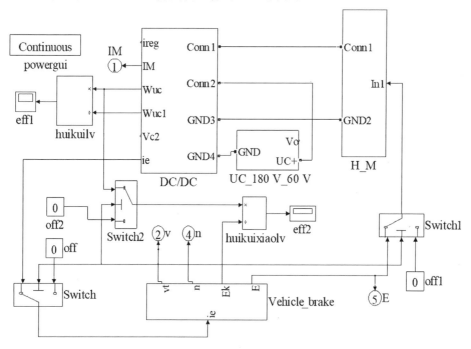

图 5.1　制动能量回馈系统的 Simulink 仿真模型

基于第3章提出的可串/并联切换的超级电容器组,建立了超级电容器组的仿真模型,如图5.2所示。当 $U_{C_1}=U_{C_2}=U_{C_3}=60\ \text{V}$,$T_1$、$T_2$ 为 1,$T_3 \sim T_6$ 为 0 时,超级电容器组为串联状态;而 $T_1=T_2=0$,$T_3=T_4=T_5=T_6=1$ 时,其处于并联状态。

基于第3章提出的 DC/DC 功率变换器,在 Matlab/Simulink 中建立了 DC/DC 功率变换器仿真模型,如图5.3所示。电动机作为发电机工作时,控制 K_2 断开、K_1 闭合,V_2 由 PWM 信号控制,电动机产生的感应电动势利用功率变换器对超级电容器进行能量回馈。

根据第4章车辆制动的动力学分析,建立了车辆制动过程动力学模型,如图5.4所示。

制动力分配控制策略是根据当前车速以及驾驶员踩踏制动踏板所传递的制动减速信号综合确定的。本系统中的纯电制动、纯机械制动以及机电复合制动

第 5 章　制动能量回馈系统的建模与仿真

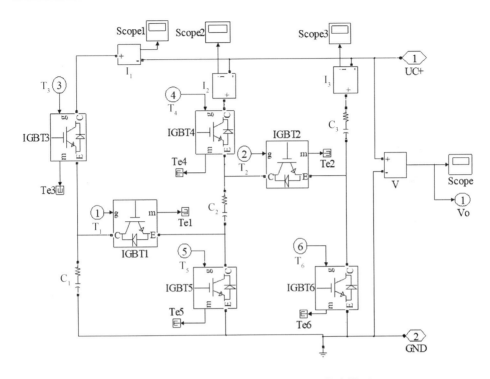

图 5.2　可串/并联切换的超级电容器组仿真模型

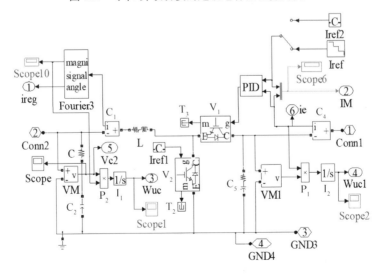

图 5.3　功率变换器仿真模型

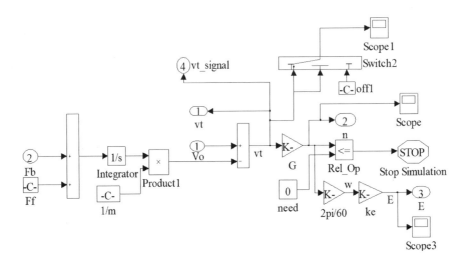

图 5.4 车辆制动过程动力学模型

分别为独立控制的模块,各子模块间又相互通信。Simulink 制动力分配控制模型如图 5.5 所示。

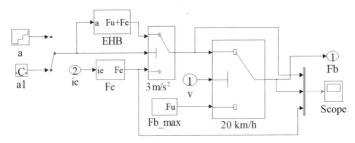

图 5.5 制动力分配控制模型

5.2 制动能量回馈系统模型仿真分析

在满足有关约束规则的条件下进行回馈能量仿真,根据制动强度将车辆制动工况分为轻微制动工况、正常制动工况和紧急制动工况。

轻微制动为纯电制动过程,制动减速度大于 $1\ m/s^2$ 且小于 $3\ m/s^2$,参考电流为 100 A,制动的初速度为 60 km/h(约 16.67 m/s),在车速降到 20 km/h(约 5.56 m/s)后,车辆开始匀速行驶。轻微制动工况下的车速变化曲线如图 5.6 所示。

由图 5.6 可以发现,经过 4.27 s 的制动后,车速由 60 km/h 下降到 20 km/h,然后以 20 km/h 的车速匀速行驶。

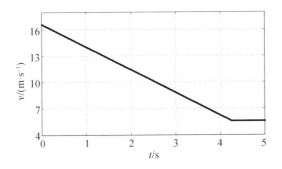

图 5.6　轻微制动工况下的车速变化曲线

当制动条件为制动减速度大于 1 m/s² 且小于 3 m/s²,参考电流为 100 A、80 A、60 A、40 A,制动的初速度为 60 km/h;车速降到 20 km/h 后,汽车匀速行驶。电制动力不断减小状态下的车速变化曲线如图 5.7 所示。在此过程中整车的制动力均由纯电制动力提供,而整个制动过程中电制动力的数值不断变小,经过 7.38 s,在车速降到 20 km/h(约 5.56 m/s)后,汽车匀速行驶。其中,电机电枢电流的变化曲线如图 5.8 所示,与之相对应的随回馈电流大小变化的电制动力变化曲线如图 5.9 所示。

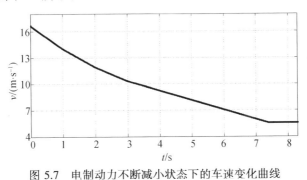

图 5.7　电制动力不断减小状态下的车速变化曲线

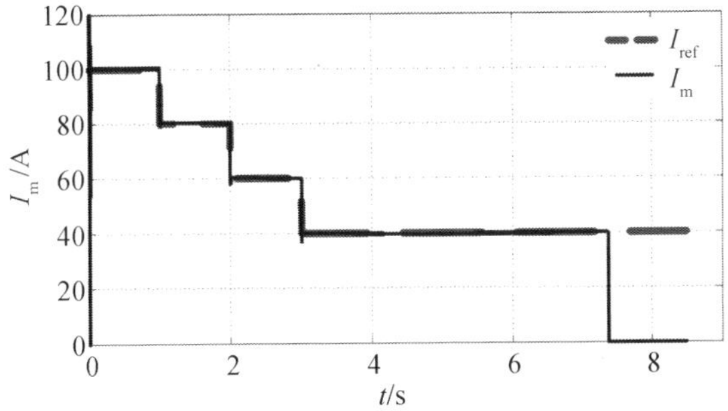

图 5.8　电动机电枢电流变化曲线

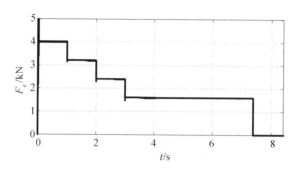

图 5.9 随回馈电流大小变化的电制动力变化曲线

当制动减速度为 2 m/s² 时,车速从 60 km/h 开始减速直至降为 0,整车制动力变化曲线如图 5.10 所示。在 0~4.27 s 这一期间,电磁制动力 F_e 保持恒定值 4 kN 不变,在 4.27 s 后,由机械制动力 F_b 继续提供较大的制动力。由于电制动力参与制动,在经过大约 4.27 s 后,发电机的转速由 820 r/min 降至 275 r/min,电动汽车速度也由最初的 16.67 m/s 降至 5.56 m/s。车速低于 5.56 m/s 后,由机械制动系统提供 8 kN 的机械制动力进行制动。发电机的转速和车速的变化曲线如图 5.11 和图 5.12 所示。发电机电枢电流变化曲线如图 5.13 所示,发电机电枢电流参考值为 100 A。

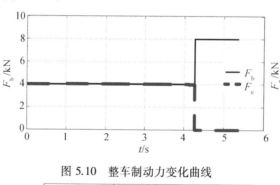

图 5.10 整车制动力变化曲线

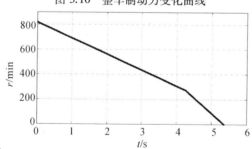

图 5.11 电机转速变化曲线变化曲线

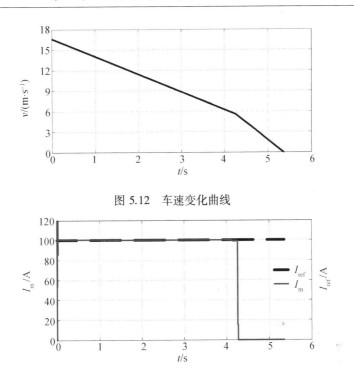

图 5.12 车速变化曲线

图 5.13 发电机电枢电流变化曲线

在电动汽车的整个制动过程中,由于发电机的转速和车速之间是正比关系,随着车速的不断降低,与之对应的发电机转速也开始下降,这使得发电机产生的感应电动势随之减小。而进行制动能量回馈时,电机电流和电磁制动力的大小成正比,电机产生的电磁制动力 $F_e = k_e I_m$。式中,k_e 为电磁制动力系数;I_m 为发电机电枢电流。

由图 5.13 可以发现,在进行制动能量回馈时,发电机电枢电流在 0~4.27 s 内维持在 100 A。

由三个超级电容器组成的超级电容器组并联两端的馈电电压和电流变化曲线如图5.14和图 5.15 所示。超级电容器组端电压从 21.5 V 逐渐升高至21.9 V左右,超级电容器端电流由 480 A 逐渐降低到 200 A 左右。在 4.27 s 后由于电制动力撤出,制动能量回馈系统停止工作。

制动能量回馈率为超级电容器组实际回馈电能与发电机产生电能的比值,可用制动能量回馈率来综合分析和评价制动能量回馈系统,利用 Matlab/Simulink 对该系统的制动能量回馈率进行仿真,如图 5.16 所示。而制动能量回馈效率则是指超级电容器组实际得到的能量与制动过程产生的可回馈总动能的比值,是分析和评价制动能量回馈系统及控制策略的重要指标之一。利用仿真得到该系统的制动能量回馈效率如图 5.17 所示。其中,轻度制动条件下的制动能量回馈率约为 57%,制动能量回馈效率约为 16%。

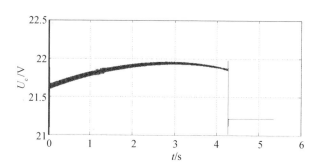

图 5.14 三组并联的超级电容器端馈电电压变化曲线

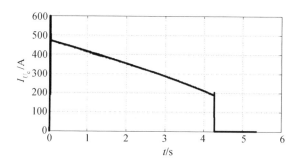

图 5.15 三组并联的超级电容器端电流变化曲线

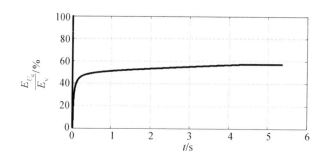

图 5.16 制动能量回馈率仿真

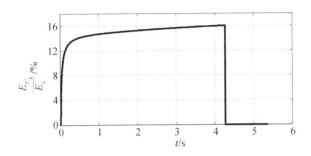

图 5.17 制动能量回馈效率

而在中等制动工况下:制动减速度为 3.5 m/s²,参考电流为 100 A,制动初速度为 60 km/h(16.67 m/s),相关曲线如图 5.18~5.22 所示。

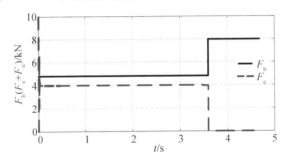

图 5.18 整车总制动力变化曲线

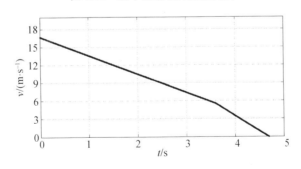

图 5.19 车速变化曲线

车辆开始制动时,初始需求总制动力 F_b 为 4.8 kN,但最大电制动力 F_e 为 4 kN,不足制动力部分由机械制动力提供。车速由 60 km/h 减小到 20 km/h 用时约 3.6 s,3.6 s 后,由于发电机转速随车速降低而不断减小,电机难以继续提供恒定的电制动力,电制动力撤出。

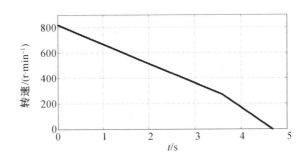

图 5.20 发电机转速变化曲线

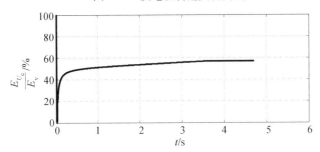

图 5.21 制动能量回馈率

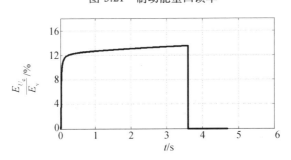

图 5.22 制动能量回馈效率

由图 5.21 和图 5.22 可以发现,在中等制动条件下的制动能量回馈率约为 57%,制动能量回馈效率约为 13.7%。

在紧急制动工况下:制动减速度为 5.5 m/s²,参考电流为 100 A,制动初速度为 60 km/h(16.67 m/s),相关曲线如图 5.23~5.27 所示。

车辆开始制动时,初始需求总制动力为 8 kN,但是最大电制动力为 4 kN,不足制动力部分由机械制动力提供。经过约 2.18 s 后车速从 60 km/h 减小到 20 km/h,电制动力撤出。

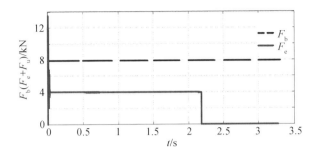

图 5.23 整车总制动力变化曲线

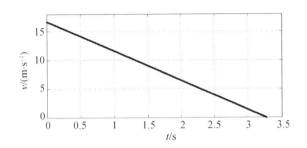

图 5.24 车速变化曲线

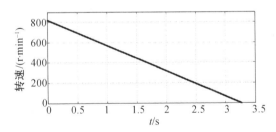

图 5.25 发电机转速变化曲线

由图 5.26 和图 5.27 可以发现,该工况下制动能量回馈率约为 57%,制动能量回馈效率约为 8.2%。

对车辆 3 种不同工况进行仿真,当车辆所需制动强度较小、由纯电制动进行制动时,制动能量回馈效率最大,约为 16%;中等制动情况下,由电制动和机械制动提供整车制动力,制动能量回馈效率约为 13.7%;而紧急制动情况下,由电制动和机械制动提供整车制动力,制动能量回馈效率约为 8.2%。同时,本次提出的制动能量回馈系统工作效率为 57%。

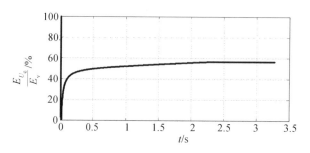

图 5.26　制动能量回馈率

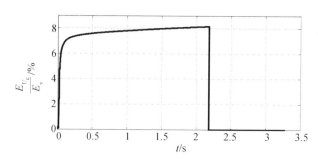

图 5.27　制动能量回馈效率

5.3　本章小结

本章主要基于前 4 章相关元件和系统的分析,针对本书所提出的新型制动能量回馈系统和在制动过程中建立的车辆动力学方程,首先建立了相关数学模型,其次建立了 Simulink 电源模型、功率变换器模型、H 桥逆变器-电机模型、制动能量回馈动力学模型以及所提出的新型制动能量回馈系统模型,并进行了仿真研究,通过对仿真得出的大量相关数据进行分析,在一定程度上验证了所提出的制动能量回馈系统和制动力分配控制策略的可行性。

第6章 制动能量回馈实验与分析

为了验证前文所建立的制动能量回馈系统的性能稳定性和能量回馈效果,以硬件控制器(DSP)微处理器为基础构建了制动能量回馈系统小功率实验平台,进行模拟实验,并对得到的实验数据进行分析,验证前文所建立的制动能量回馈系统的理论分析结果。

6.1 实验系统设计与搭建

6.1.1 实验硬件参数选择

搭建的制动能量回馈系统实验平台所采用的硬件型号及其参数指标见表6.1。

表6.1 实验硬件参数表

名称	硬件型号及其参数指标
硬件控制器	TMS320F2812
超级电容器	Maxwell 16 V;58 F(3个)
蓄电池	12 V(2个)
IGBT 驱动板(Gate Drive)	TX-DA962D2(2个);TX-DA962D4(2个)
S_1、S_2、S_3、S_4、V_1、V_2、T_1、T_2、T_3、T_4、T_5、T_6、K_1	IGBT100 A/600 V(8个)
电感	90 μH;15 A
缓冲电容	3 000 μF;50 V
永磁无刷直流电动机	350 W;24 V;20 A;1 500 r/min
计算机	Windows XP 系统,安装 CCS 3.3 版本
示波器	Tektronix;TBS1152B;150 MHz;2GSs

续表6.1

名称	硬件型号及其参数指标
电流传感器	宇波 CHF-25F
惯性制动盘	质量为 10 kg;外径为 0.2 m;厚度为 0.05 m;扭矩为 2.132 N·m

6.1.2 实验系统的搭建

本次制动能量回馈系统实验采用的硬件控制器为 TMS320F2812,搭建的实验平台控制系统中硬件结构设计由系统控制模块设计和系统检测模块设计两部分组成。控制模块设计主要包括供电电源、DSP 控制电路和外部接口电路三部分,检测模块设计主要由检测回路中的电流和电压两部分组成;实验平台所选用的超级电容器组与功率变换器模块的连接方式如图 6.1 所示。

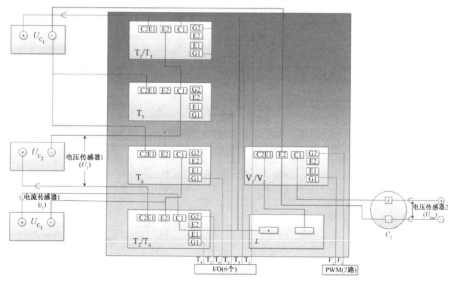

图 6.1 实验方案布置示意图

基于图 6.1 和表 6.1,搭建了图 6.2 所示的制动能量回馈系统小型实验平台。

T_1、T_2、T_3、T_4、T_5、T_6 的导通和断开由驱动板输出的 6 路 PWM 信号驱动,通过控制驱动板输出 PWM 信号就可以控制超级电容器串/并联的切换。控制驱动板输出的两路 PWM 信号可以驱动开关管 V_1 和 V_2 的导通和关断,这样即实现了功率变换器升压为电路供电,降压回馈制动能量。基于此构建的超级电容

第 6 章 制动能量回馈实验与分析

图 6.2 制动能量回馈系统小型实验平台

器组、DC/DC 功率变换器、H 桥型逆变器和制动回馈电机等组成实验平台接线图如图 6.3 所示。

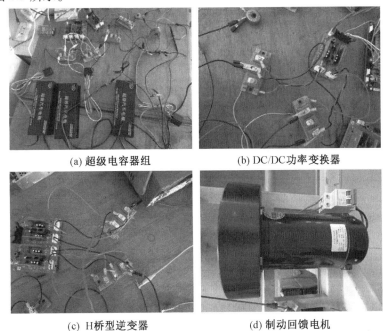

(a) 超级电容器组   (b) DC/DC 功率变换器

(c) H 桥型逆变器   (d) 制动回馈电机

图 6.3 实验平台接线图

电机旋转方向的控制可以通过驱动板控制 H 桥型逆变器的开关管 S_1、S_4、S_2 和 S_3,在进行制动能量回馈实验时,需要驱动板控制 H 桥型逆变器关断 S_1、S_4、S_2 和 S_3 四个开关管,这样,电机产生的回馈电流就通过 DC/DC 功率变换器流到超级电容器组,为超级电容器充电,实现制动能量回馈。

6.2 实验结果分析

在搭建的制动能量回馈系统实验平台上,本研究开展了两组不同的实验:其中实验一由单个超级电容器作为储能装置,在车辆制动时,电动机的功能是发电机,向储能装置进行能量回馈;实验二由 3 个并联的超级电容器组成储能装置,控制 T_1 和 T_2 关断,T_3、T_4、T_5 和 T_6 导通,向 3 个超级电容器组成的储能装置回馈制动能量。

6.2.1 实验一

在进行电动机制动实验之前,改变电源电压对电动机进行驱动,开展单个超级电容器作为储能装置的制动能量回馈实验。

用 12 V 的电源驱动电机开始运行,在电机转速达到稳定转速后,切换电机控制为制动模式,通过功率变换器向单个超级电容器回馈储能,示波器采集到的驱动电机端和超级电容器组端的电压和电流变化曲线,如图 6.4 和图 6.5 所示。拟合了对应状态下的发电机瞬时功率和超级电容器端瞬时回馈功率曲线,如图 6.6 和图 6.7 所示,并对其进行对比分析。

由图 6.4~6.7 可知,电动汽车制动初始时,其电机的转速为 762 r/min,电机产生的反电动势为 10 V。随着制动时间的逐渐延续,电动机发电功率从初始功率 13 W 逐渐降低,超级电容器端瞬时回馈功率也从 7.5 W 逐渐下降。由此可见,随着电机产生的回馈电流和反电动势的逐渐减小,电制动力也逐渐减小,相对应的超级电容器瞬时回馈功率也逐渐下降。

用 13 V 的电源驱动电机开始运行,在电机转速达到稳定转速后,将电机切换到制动状态,通过功率变换器向储能装置进行制动能量回馈,采集到驱动电机端及超级电容器端的电压和电流变化,用示波器输出变化曲线,分别如图 6.8 和图 6.9 所示。将对应状态的发电机瞬时功率和超级电容器端瞬时回馈功率曲线进行拟合和对比分析,如图 6.10 和图 6.11 所示。

由图 6.8~6.11 可知,电动汽车制动初始时,其电机的转速为 842 r/min,电机产生的反电动势为 11 V。随着制动时间的延续,电动机发电功率从初始功率 16 W 开始逐渐降低,超级电容器端瞬时回馈功率从 7.8 W 逐渐下降。

第 6 章 制动能量回馈实验与分析

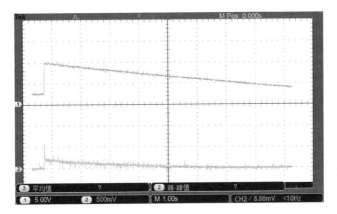

图 6.4 驱动电机端的电压和电流变化曲线(驱动电压为 12 V)

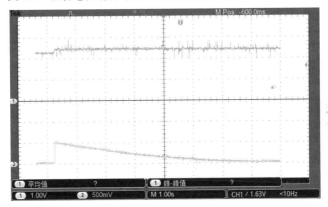

图 6.5 超级电容器组端的电压和电流变化曲线(驱动电压为 12 V)

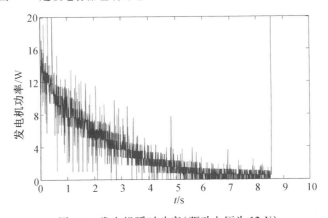

图 6.6 发电机瞬时功率(驱动电压为 12 V)

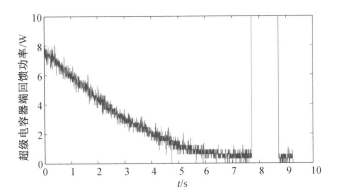

图 6.7　超级电容器端瞬时回馈功率(驱动电压为 12 V)

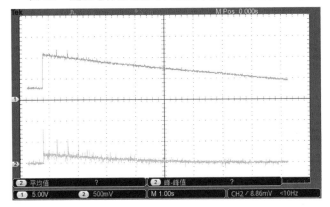

图 6.8　驱动电机端的电压和电流变化曲线(驱动电压为 13 V)

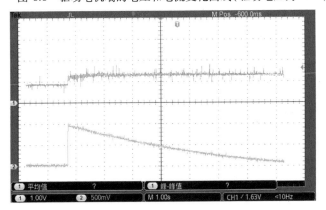

图 6.9　超级电容器组端的电压和电流变化曲线(驱动电压为 13 V)

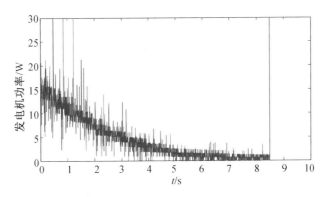

图 6.10 发电机瞬时功率（驱动电压为 13 V）

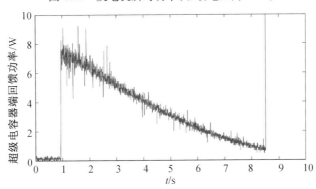

图 6.11 超级电容器端瞬时回馈功率（驱动电压为 13 V）

用 14 V 的电源驱动电机开始运行,在电机转速达到稳定转速后,切换电机控制为制动模式,通过功率变换器向储能装置进行能量回馈,示波器采集到的驱动电机端和超级电容器组端的电压和电流变化曲线,如图 6.12 和图 6.13 所示。将对应状态的发电机瞬时功率和超级电容器端瞬时回馈功率曲线进行拟合和对比分析,如图 6.14 和图 6.15 所示。

由图 6.12~6.15 可知,电动汽车制动初始时,电机的转速为 918 r/min,电机产生的反电动势为 12 V。随着制动时间的逐渐增加,发电机发电功率从初始功率 23 W 开始逐渐降低,超级电容器端瞬时回馈功率从 9 W 逐渐下降。

用 15 V 的电源驱动电机开始运行,在电机转速达到稳定转速后,切换电机控制为制动模式,电机通过功率变换器向储能装置进行制动能量回馈,采集到驱动电机端及超级电容器端的电压和电流变化,用示波器输出变化曲线,分别如图 6.16 和图 6.17 所示。将对应状态的发电机瞬时功率和超级电容器端瞬时回馈功率曲线进行拟合和对比分析,如图 6.18 和图 6.19 所示。

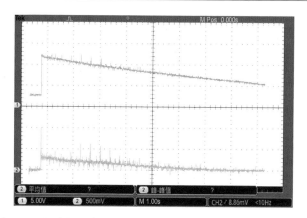

图 6.12　驱动电机端的电压和电流变化曲线(驱动电压为 14 V)

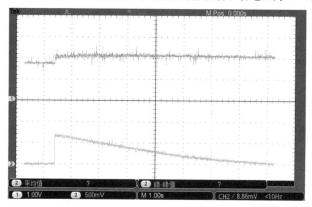

图 6.13　超级电容器组端的电压和电流变化曲线(驱动电压为 14 V)

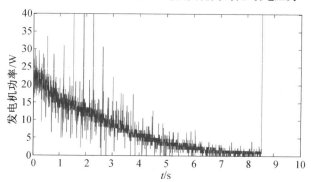

图 6.14　发电机瞬时功率(驱动电压为 14 V)

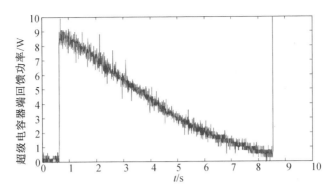

图 6.15　超级电容器端瞬时回馈功率(驱动电压为 14 V)

由图 6.16~6.19 可知,电动汽车制动初始时,电机的转速为 988 r/min,电机产生的反电动势为 13 V。随着制动时间的延续,发电机发电功率从初始功率 35 W 开始逐渐降低,超级电容器端瞬时回馈功率从 11 W 逐渐下降。

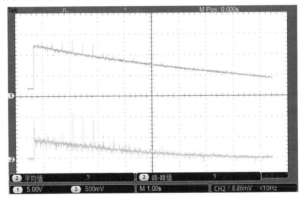

图 6.16　驱动电机端的电压和电流变化曲线(驱动电压为 15 V)

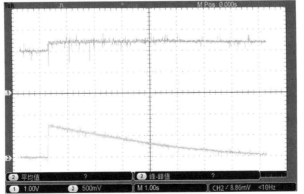

图 6.17　超级电容器组端的电压和电流变化曲线(驱动电压为 15 V)

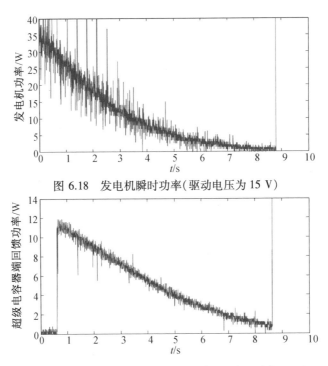

图 6.18 发电机瞬时功率(驱动电压为 15 V)

图 6.19 超级电容器端瞬时回馈功率(驱动电压为 15 V)

用 16 V 的电源驱动电机开始运行,在电机转速达到稳定转速后,切换电机控制为制动模式,通过功率变换器向储能装置进行制动能量回馈,采集到电机端和超级电容器端的电压和电流变化,用示波器输出变化曲线,分别如图 6.20 和图 6.21 所示。将对应状态的发电机瞬时功率和超级电容器端瞬时回馈功率曲线进行拟合和对比分析,如图 6.22 和图 6.23 所示。

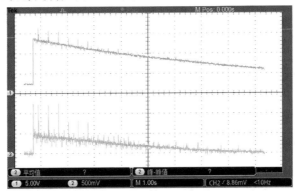

图 6.20 驱动电机端的电压和电流变化曲线(驱动电压为 16 V)

由图 6.20~6.23 可知,制动初始时,电机的转速为 1 070 r/min,电机产生的反电动势为 14 V。随着制动时间的延续,发电机发电功率从初始功率 43 W 开始逐渐降低,超级电容器端瞬时回馈功率从 13 W 逐渐下降。

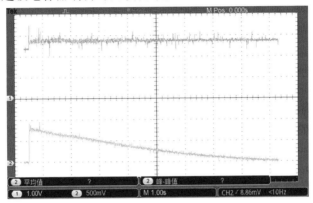

图 6.21　超级电容器组端的电压和电流变化曲线(驱动电压为 16 V)

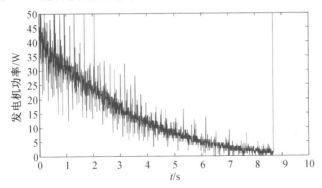

图 6.22　发电机瞬时功率(驱动电压为 16 V)

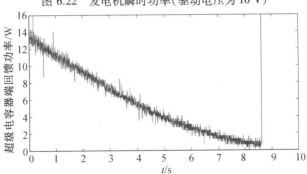

图 6.23　超级电容器组端瞬时回馈功率(驱动电压为 16 V)

6.2.2 实验二

在实验一的基础之上,改变电源电压对电机进行驱动,开展3个超级电容器并联组成的储能装置的制动能量回馈实验。

用9 V的恒压电源驱动电机运转,待电机转速达到稳定后,切换电机控制为制动模式,电机通过功率变换器向储能装置回馈制动能量,采集到电机端和超级电容器端的电压和电流变化,用示波器输出变化曲线,分别如图6.24和图6.25所示。将对应状态的发电机瞬时功率和超级电容器端瞬时回馈功率曲线进行拟合和对比分析,如图6.26和图6.27所示。

由图6.24~6.27可知,电动汽车制动初始时,电机的转速为524 r/min,电机产生的反电动势为7 V。随着制动时间的延续,电机发电功率从初始功率6 W开始逐渐降低,超级电容器端瞬时回馈功率从2 W逐渐下降。

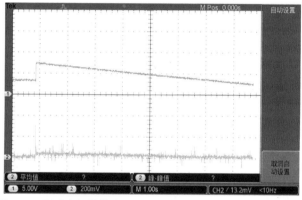

图 6.24 驱动电机端的电压和电流变化曲线(驱动电压为9 V)

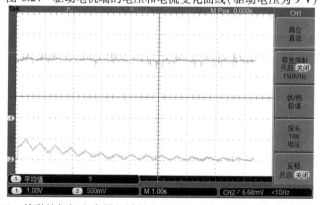

图 6.25 并联的超级电容器组端的电压和电流变化曲线(驱动电压为9 V)

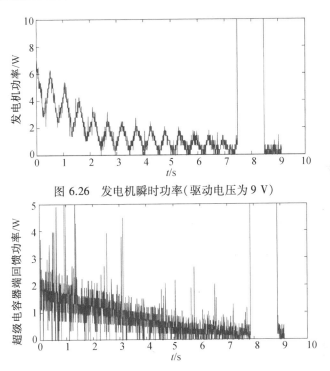

图 6.26　发电机瞬时功率(驱动电压为 9 V)

图 6.27　并联的超级电容器组端瞬时回馈功率(驱动电压为 9 V)

用 12 V 的恒压电源驱动电机运转,待电机转速达到稳定转速后,切换电机控制为制动模式,电机通过功率变换器向储能装置回馈制动能量,采集到驱动电机端和超级电容器端的电压和电流变化,用示波器输出变化曲线,分别如图 6.28 和图 6.29 所示。将对应状态的发电机瞬时功率和超级电容器端瞬时回馈功率曲线进行拟合和对比分析,如图 6.30 和图 6.31 所示。

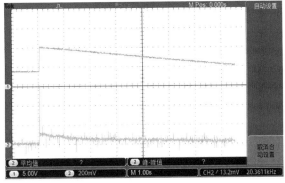

图 6.28　驱动电机端的电压和电流变化曲线(驱动电压为 12 V)

由图 6.28~6.31 可知,电动汽车制动初始时,电机的转速为 764 r/min,电机产生的反电动势为 9 V。随着制动时间的延续,电机发电功率从初始功率 10 W 开始逐渐降低,超级电容器端瞬时回馈功率从 7 W 逐渐下降。

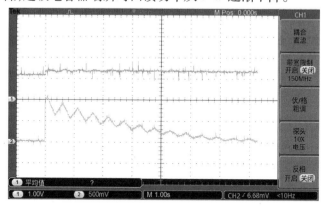

图 6.29　并联的超级电容器组端的电压和电流变化曲线(驱动电压为 12 V)

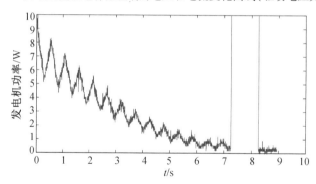

图 6.30　发电机瞬时功率(驱动电压为 12 V)

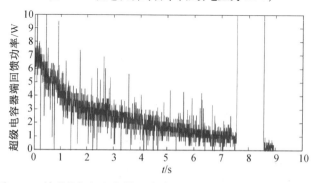

图 6.31　并联的超级电容器组端瞬时回馈功率(驱动电压为 12 V)

第 6 章 制动能量回馈实验与分析

用 15 V 的恒压电源驱动电机运转,待电机转速达到稳定转速后,切换电机控制为制动模式,电机通过功率变换器向储能装置回馈制动能量,采集到驱动电机端和超级电容器端的电压和电流变化,用示波器输出变化曲线,分别如图 6.32 和图 6.33 所示。将对应状态的发电机瞬时功率和超级电容器端瞬时回馈功率曲线进行拟合和对比分析,如图 6.34 和图 6.35 所示。

由图 6.32~6.35 可知,电动汽车制动初始时,电机的转速为 764 r/min,电机产生的反电动势为 13 V。随着制动时间的延续,电机发电功率从初始功率 15 W 开始逐渐降低,超级电容器端瞬时回馈功率从 14 W 附近逐渐振荡降低。

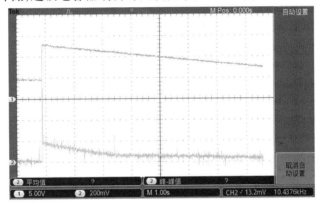

图 6.32 驱动电机端的电压和电流变化曲线(驱动电压为 15 V)

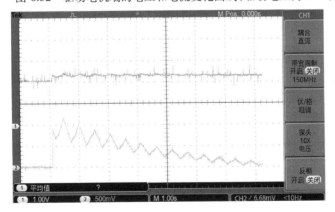

图 6.33 并联的超级电容器组端的电压和电流变化曲线(驱动电压为 15 V)

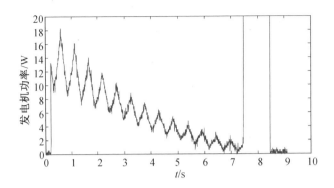

图 6.34 发电机瞬时功率(驱动电压为 15 V)

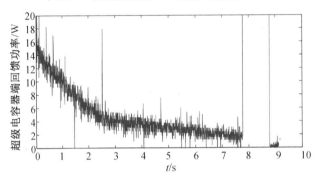

图 6.35 并联的超级电容器组端瞬时回馈功率(驱动电压为 15 V)

通过对实验一和实验二的实验结果进行对比分析可得:

(1)并联的超级电容器回馈制动能量与单个超级电容器回馈制动能量对比,并联的超级电容器回馈时发电机的制动功率下降速度快,从开始制动至制动结束所需的时间较短,因而采用并联的超级电容器组为储能装置能够在相同的时间内收集更多的回馈能量。

(2)回馈制动能量时,电机的感应电动势越大,产生的制动回馈电流越大,因而可回收的制动能量越多。通过实验发现,实验中所用的电机在制动回馈时所产生的反电动势比驱动电机所需电源电压约低 2 V。

(3)发电机通过功率变换器,向单个超级电容器和 3 个并联的超级电容器组的回馈功率不同。

6.3 本章小结

本章搭建了基于 DSP 微处理器的制动能量回馈系统实验平台,在实验平台上进行了两组制动能量回馈对比实验,实验结果表明将串/并联切换的超级电容器组作为储能装置的制动能量回馈系统制动能量回馈效果好,能够有效地回收制动能量。

第7章 新能源技术背景下传统燃油发动机技术发展

随着新能源技术的不断发展,其在众多领域中的应用也愈加广泛。如今,在节能环保的大背景下,新能源汽车的发展非常迅猛。但是在发展新能源汽车的同时,人们往往忽视了传统动力的革新与改造。内燃机相关产业作为国民经济基础产业,仍是汽车行业的主导动力。未来一段时间内,汽车燃油发动机仍然占据主导地位。提升燃油发动机的热效率,降低二氧化碳排放量,是传统汽车燃油发动机技术发展的首要目标。发动机燃料的多元化也将是未来的发展趋势,虽然现在传统发动机仍然以柴油和汽油为主要燃料,但更需要关注低碳燃料的开发利用。

7.1 含醇燃料对 GDI(缸内直喷)发动机气体排放的影响

7.1.1 含醇燃料特性

含醇燃料通常指含醇的液体燃料,是一种新型的节能燃料。相对于传统的汽油、柴油而言,含醇燃料具有更加良好的排放性能,而且醇类资源非常丰富,其来源更加广泛。在节能环保的大环境下,使用含醇燃料作为发动机的替代燃料符合当下能源替代战略和再生能源发展方向。以下介绍了几种主要含醇燃料的特性。

1. 乙醇燃料

乙醇燃料又称乙醇汽油,是指汽油和燃料乙醇按一定比例混配而成的一种燃料。按照现行国家标准,乙醇燃料通常是由10%体积分数的乙醇和90%体积分数的纯汽油混合形成的。将适量的乙醇加入汽油中作为汽车燃料,具有以下优点。

(1) 动力性能好。

加入适量乙醇后的燃料辛烷值升高,因此可以通过提高压缩比来提高发动机的热效率和动力性能,又由于其蒸发潜热较大,增加了发动机的进气量,从而提高了发动机的动力性。

(2) 减少有害物质排放。

乙醇汽油相对于纯汽油燃料,不仅辛烷值高,含氧量(指质量分数)也高,有效提升了汽车的发动机性能,让燃烧更充分,从而降低尾气中的有害排放物质。

(3) 减少积碳。

由于乙醇具有清洁和亲水的特性,是一种良好的溶剂,能够把发动机里的积碳冲洗下来,因此能够有效地消除燃烧室、火花塞、排气管、消声器等部位的积碳,从而避免了因积碳形成而引起的故障,延长发动机零部件的使用寿命。

(4) 可再生资源。

制备乙醇通常使用含糖原料(如糖蜜、亚硫酸废液等)和含淀粉原料(如甘薯、玉米、高粱等)进行发酵。这些原料都是可再生资源且容易获取。使用乙醇燃料不仅可以降低对石油资源的依赖,而且还能有效保护环境。

2. 正丁醇燃料

正丁醇燃料是指将一定量正丁醇加入汽油中作为汽车燃料。正丁醇燃料具有以下优点。

(1) 低热值。

醇类燃料热值随着碳原子数的增加而增加,正丁醇属于四碳原子醇类,燃油消耗量较少,因此有相对较远的行程。

(2) 容易着火。

正丁醇的着火点较低,因此当发动机处于较冷的环境或者低负荷状态时,其着火特性更好。

(3) 挥发性小。

醇类的挥发性是随着醇类碳原子数增加而减少的。正丁醇的挥发性是汽油的1/13.5,与汽油混合后对水的宽容度较大。

(4) 较高的黏度。

醇类燃料的黏度随着碳链长度的增加而增加,正丁醇的黏度是汽油燃料的几倍,因此具有更好的润滑特性。

(5) 缓解能源紧张。

正丁醇燃料的开发与使用降低了对进口燃油的依赖性,增加了燃料的多元性,一定程度上缓解了能源紧张的问题。

3. 特性对比

对汽油、乙醇燃料、正丁醇燃料做理化特性的研究并对比,具体见表7.1。由于醇类燃料的含氧量相对汽油的含氧量较高,因此会促进层流火焰的传播,进而在相同条件下会使得燃烧更充分。由表7.1中可以看出,乙醇燃料和正丁醇燃料的 H 质量分数高于汽油,因此反应形成更多的水蒸气,增加了汽化潜热,故醇的汽化潜热值要大于汽油的汽化潜热值。正丁醇燃料与汽油的化学结构相似,便于互溶和运输。由于醇类燃料的热值低于汽油,在输出功率方面要略低。

表 7.1 燃料的理化特性对比

参数	汽油	乙醇燃料	正丁醇燃料
含氧量(质量分数)/%	0	34.8	21.6
辛烷值((RON+MON)/2)[①]	93	105	98
密度/(g·cm^{-3})	0.747	0.794	0.81
$m(H)/m(C)$	1.85	3.00	2.50
低热值/(MJ·kg^{-1})	43.02	26.80	33.10
$m(O)/m(C)$	0	0.50	0.25
理论空燃比	14.6	9	11.2
汽化潜热值/(kJ·kg^{-1})	364	902	582
雷德(Reid)蒸汽压/KPa	31	13.8	2.27

注:①RON 和 MON 为两种辛烷值测试方法得到的法辛烷值及马达法辛烷值。

7.1.2 含醇燃料实验

1. 实验设备及燃料

为了验证含醇燃料对发动机气体排放的影响,选用了默认参数的直列四缸 GDI 汽油直接喷射式发动机作为实验对象,燃料选用的是纯汽油、添加乙醇 10% 体积分数的含醇燃料、添加正丁醇 10% 体积分数的含醇燃料、添加乙醇和丁醇各 5% 体积分数的含醇燃料 4 种燃料分别进行实验,实验结果以 HC、NO_x 和 CO 这 3 种气体的排放值作为检测指标。

(1) 直列四缸 GDI 发动机。

GDI 发动机是近年来内燃机发展的热点,它的出现促进了汽车发动机技术的发展与进步。与传统汽油发动机相比,其燃烧系统具有明显优势,在工作时往往依靠燃烧室形状、气流运动和喷雾形态的相互配合形成所需的分层混合气,从而提高燃烧系统的效率。本章实验采用的直列四缸 GDI 发动机主要参数见表 7.2。

表 7.2 直列四缸 GDI 发动机主要参数

名称	参数
类型	直列四缸、水冷、四冲程发动机
进气方式	涡轮增压
压缩比	10∶1
排量/L	1.499
供油方式	缸内直喷
缸径×冲程/(mm×mm)	76.0×82.6
连杆长度/mm	133.2
燃油标号	G100 及以上
额定转速/(r·min^{-1})	5 200
额定功率/kW	113

(2) 纳米傅里叶红外光谱仪(FTIR)。

纳米傅里叶红外光谱仪综合了原子力显微镜的高空间分辨率特性和傅里叶红外光谱的高化学敏感特性,可以对样品进行定性和定量分析,广泛应用于众多领域。纳米傅里叶红外光谱仪主要由光源、分束器、探测器、计算机数据处理系统、记录系统等组成。本实验选用了 DASMET 生产的纳米傅里叶红外光谱仪来检测尾气中 NO_x、CO 和 HC 的排放浓度。

2. 实验方法

为了便于实验数据的记录与分析,将 4 种燃料分别加以标记:纯汽油用 G100 表示;添加 10%体积分数乙醇的含醇燃料用 E10 表示;添加 10%体积分数正丁醇的含醇燃料用 B10 表示;添加各 5%体积分数乙醇、丁醇的含醇燃料用 B5E5 表示。实验步骤如下:

(1) 将所需含醇燃料按照比例混合好。

(2) 将发动机参数设置为测试所需工况并对油路进行排气。

(3) 对 4 种燃料分别进行实验测试。

(4) 记录并整理实验检测出的 HC、NO_x 和 CO 这 3 种排放物的数据。

为了确保试验的准确性,实验燃料中未添加任何助溶剂。

3. 结果与分析

对负载工况、冷启动和怠速 3 种情形进行了实验分析。

(1) 负荷工况实验分析。

负荷工况实验分析是为了测试在固定转速、不同负荷下发动机的排放性能。为了达到实验效果,参照了《汽车发动机性能试验方法》(GB/T 18297—2001)中的实验方法和实验条件。本次实验条件设置为:控制冷却液的温度在(86±5)℃范围内、控制机油的温度在(92±5)℃范围内、控制燃料的温度在(25±5)℃范围内。另外在实验前,使发动机怠速工作 1 h 左右进行预热,以达到需要的实验条件。

实验过程中,保证发动机的转速恒定在 2 000 r/min 左右,分别测试从低负荷到高负荷多个工况的尾气排放指标。为了保证测试的稳定性,所有工况的测量时间多于 4 min,每两个工况的间隔时间多于 5 min。

实验选择了 4 个较有代表性的工况,其中包含了正常行驶工况。图 7.1 所示为负荷工况下发动机尾气排放的实验数据比较。通过图 7.1 可以看出 4 种燃料在不同负荷工况下 HC、NO_x、CO 的排放浓度。

通过图 7.1(a)可以得出以下结论:

① E10、B10、B5E5 这 3 种含醇燃料的 HC 排放量(指体积分数)总体相较于汽油降低了,且含醇燃料的 HC 排放量与汽油的 HC 排放量差值随负荷减小而增大。

②发动机缸内的温度随着负荷增大而升高,燃料燃烧得更彻底,4 种燃料的 HC 的排放量明显降低。

③含醇燃料的 HC 排放浓度降低,说明燃料燃烧得更充分,这是由于含醇燃料中都包含一定的氧。

通过图 7.1(b)可以得出以下结论:

①4 种燃料中 NO_x 的排放量最大的是 B10,其次是 E10、G100,最小的是 B5E5,其中 G100 和 B5E5 的差距不大,可见 B5E5 的排放效果最佳。

②整体 NO_x 的排放量随着负荷增加在不断升高,这是因为氧气体积分数以及高温环境促进了 NO_x 的产生。

③ B5E5 的 NO_x 排放效果比 E10 和 B10 的 NO_x 排放效果都要好,这说明含醇的体积分数不是影响 NO_x 排放量的唯一因素,NO_x 排放还会受到汽化潜热和氧气体积分数等其他因素的影响。由此可见对于多醇燃料的排放性能应当考虑众多因素的影响。

通过图 7.1(c)可以得出以下结论:

① CO 的排放量随着负荷的增大而减小,这是由于混合气体体积分数变小。

②在负荷较小时,污染物排放量差距相对较大;随着负荷增加,差值越来越小,且出现交叉现象。这说明 CO 的排放量受多种因素共同影响,包括氧气含量、含碳量、汽化潜热等因素。

第7章 新能源技术背景下传统燃油发动机技术发展

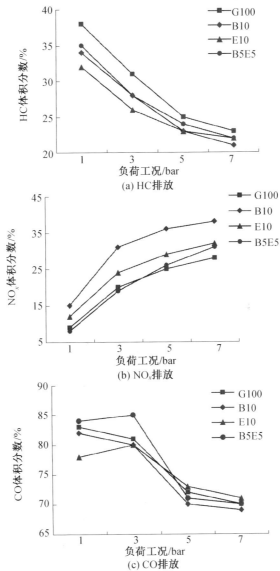

图 7.1 负荷工况下发动机尾气排放的实验数据比较
（1 bar = 100 kPa）

(2) 冷启动实验分析。

冷启动实验是为了测试发动机在一定的温度下的尾气排放指标。为了达到实验温度条件，将发动机置于 25 ℃ 的环境温度下几个小时。实验过程为从发动机启动到发动机运行 200 s 时间点内，不间断测量尾气排放数据。图 7.2 所示为冷启动时发动机尾气排放的实验数据比较。

如图7.2所示,在冷启动前30 s内不同燃料的排放量起伏较大,30 s后均逐渐稳定。造成这种不稳定的原因主要有如下两个方面。

① 燃料雾化效果受温度影响较大,启动时低温环境造成雾化效果不理想。

② 发动机启动时喷油量较大,造成混合气体积分数较高,燃烧效果降低。

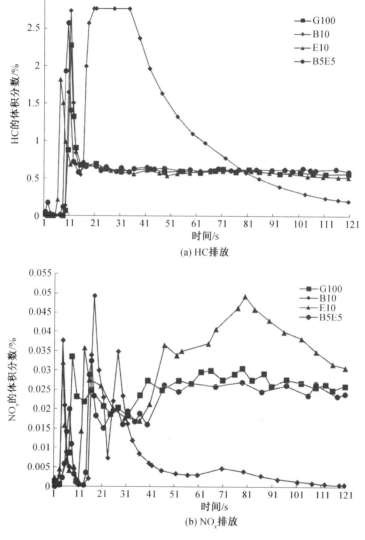

图7.2 冷启动时发动机尾气排放的实验数据比较

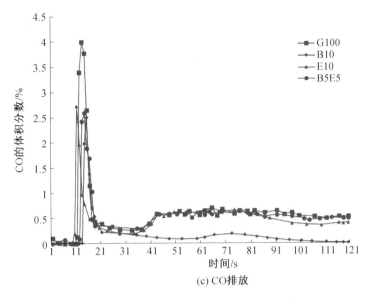

(c) CO排放

续图 7.2

由图 7.2(a)中可以得出以下结论：

① 发动机在 25 ℃ 的环境下启动时,4 种燃料的 HC 排放量(指体积分数)都是在初始 30 s 内较高且比较稳定,按排放量由低到高对燃料排序可得:E10<G100<B5E5<B10。E10 的 HC 排放量最低是由于乙醇可以缩短火焰的快速燃烧期,从而达到了降低了 HC 排放量的效果。

② 气体排放量在 30 s 后的变化逐渐稳定,但是 B10 的变化过程相对缓慢,含醇燃料的燃烧速度快,且乙醇的汽化潜热高于丁醇的汽化潜热。

③ 由于燃烧速度较快,缸内的温度降低弱于汽油,这减少了不完全燃烧造成的污染物排放量。

④ 乙醇在加快燃烧速度的同时,也由于汽化潜热使温度降低,造成 HC 排放变化缓慢。

由图 7.2(b)中可以得出以下结论：

① 与 CO、HC 的排放量相比,NO_x 的排放量明显要低得多,排放量的最高值也低于 0.05%。其中排放量最大的是 E10,最小的是 B10。

② 对比几种含醇燃料的排放情况,可以看出丁醇在冷启动时降低了 NO_x 的排放量。

由图7.2(c)中可以得出以下结论:

① 4种燃料的CO排放浓度都较高,G100、B10、E10、B5E5燃料所排放的CO的体积分数分别占4%、2.51%、2.72%、2.59%。

② CO的排放量在发动机启动30 s后趋向稳定,CO的燃烧排放受很多因素影响,如氧气体积分数、反应速率、温度等。

(3) 怠速实验分析。

怠速是指发动机在没有负载的状态下运转的工况。怠速实验的目的是测试发动机在怠速工况下,含醇燃料的尾气排放特性。图7.3所示为怠速工况下发动机尾气排放的实验数据比较。

由图7.3(a)中可以得出以下结论:

① 含醇燃料相较于纯汽油,HC的排放量有所降低,这也间接地说明了氧气体积分数的增加促进了HC的转化。

② 图中可以看出B5E5燃料燃烧的HC排放量有着显著的增加,尽管在汽油中加入了乙醇和丁醇,但是尾气中的HC不降反增,造成这种现象的原因是多方面的,如喷油量不稳定、雾化不均等。

由图7.3(b)中可以得出以下结论:

① 含醇燃料的NO_x排放量相较于纯汽油有所上升,NO_x的排放量由小到大排序为:G100、B10、E10、B5E5,说明加入乙醇和丁醇对发动机怠速工况下NO_x的产生起到了促进作用。

② 乙醇和丁醇相比,由于汽化潜热使缸内温度降低,所以排放性能略优于丁醇。

由图7.3(c)中可以得出以下结论:

① 相较于纯汽油,含醇燃料的CO排放量明显升高,其中B5E5和B10的CO排放量大概为纯汽油的3倍。

② 温度对怠速工况下CO的排放有较大影响,虽然含醇燃料中都有一定量的氧气,但受汽化潜热的影响,CO的产生受到了抑制。

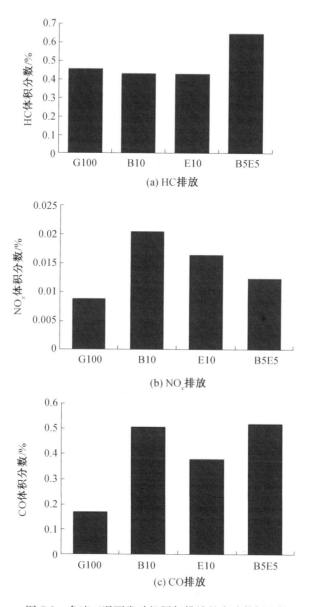

图 7.3 急速工况下发动机尾气排放的实验数据比较

7.2 小型通用汽油机后处理中不同催化剂性能对比及评价

7.2.1 小型通用汽油机后处理

1. 小型通用汽油机的定义

小型通用汽油机通常指非车用或特定用途的单缸汽油机，在国外规定其功率一般不超过 19 kW，在国内定义其功率不超过 30 kW。按照冲程的不同可以将小型通用汽油机分为二冲程小型通用汽油机和四冲程小型通用汽油机，其中二冲程小型通用汽油机种类居多。小型通用汽油机大都为单缸（少数是双缸或者四缸）、采用风冷、化油器供油，其排量在 20~900 mL 范围内。

2. 小型通用汽油机的应用

由于小型通用汽油机具有体积小、质量轻、价格相对低廉的特点，其用途非常广泛，主要用于小型工程机械、农用机械工具、园林机械、发电设备组等设备的动力装置。图 7.4 所示为几种常见的小型通用汽油机。

(a) 小型割草机

(b) 小型通用发电机

图 7.4 几种常见的小型通用汽油机

第 7 章 新能源技术背景下传统燃油发动机技术发展

(c) 小型耕地机　　　　　　　　　(d) 油锯

续图 7.4

3. 小型通用汽油机后处理

随着小型通用汽油机行业的不断发展,小型通用汽油机的保有量在不断上升,目前我国已经成为小型通用汽油机的最大生产国,而随之带来的污染问题也越来越严重。我国在借鉴发达国家发展经验的基础上,结合国内的实际情况,发布了对于小型通用汽油机第一、二阶段的排放标准,我国排放法规及实施时间见表 7.3。

表 7.3　我国排放法规及实施时间

发动机类别	污染物排放限值								
	第一阶段				实施时间	第二阶段			实施时间
	CO	HC	NO_x	$HC+NO_x$		CO	$HC+NO_x$	NO_x	
SH1($V \leqslant 20$ mL)	805	295	5.36	—		805	50		2015.01.01
SH2(20 mL$\leqslant V <$50 mL)	805	241	5.36	—		805	50		
SH3($V \geqslant 50$ mL)	603	161	5.36	—		603	72		
FSH1($V <$66 mL)	519	—		50	2011.03.11	610	50	10	
FSH2(66 mL$\leqslant V <$100 mL)	519	—		40		610	40		2013.01.01
FSH3(100 mL$\leqslant V <$225 mL)	519	—		16.1		610	16.1		
FSH4($V \geqslant 225$ mL)	519	—		13.4		610	12.1		

注:V 表示排量。

小型通用汽油机与车用内燃机相比,排量相对较小、燃烧性较差,导致尾气中污染物的含量较多,因此选择合适的后处理催化剂对尾气进行净化成为了减少汽油机排放污染的关键。

目前,用于小型通用汽油机的催化剂种类已经非常多,目前最常见的是多孔结构的三元催化剂。但由于型号不同,污染物成分的体积分数比例有差异,导致了催化剂应用效果并不理想。

7.2.2 小型通用汽油机后处理实验

1. 实验介绍

实验选用不同的催化剂对尾气进行处理,测试其尾气在不同空燃比下污染物的排放数据。实验过程中保持同一负荷工况,通过控制补气量进而控制尾气管道中的空燃比大小。最终整理实验数据后,比较催化剂在不同空燃比下的尾气转化效果。

2. 实验仪器

(1) 空燃比仪。

空燃比仪的作用是接收由宽氧传感器测得的尾气中的氧气含量信号,由此实时反馈管内的空燃比。本次实验选用的空燃比仪型号是 AF-BOOST METER,如图 7.5 所示。

图 7.5 空燃比仪

(2) 排放仪。

排放仪的作用是进行气体采样。本实验用的排放仪型号为 AMA i60 SII R2C-EGR,该设备可以同时采集并测试催化前后的气体组成,由德国公司 AVL EMISSION TEST SYSTEMS GMBH 生产,如图 7.6 所示。

(3) 实验样机。

本实验所选实验样机为单缸四冲程小型汽油发动机,型号为 158F,样机参数见表 7.4。

第 7 章　新能源技术背景下传统燃油发动机技术发展

图 7.6　排放仪

表 7.4　样机参数

名称	参数
发动机型号	158F
发动机类型	单缸、四冲程、强制风冷、单凸轮轴(SOHC)
排量/cm^3	105.7
缸径×冲程/(mm×mm)	58×40
压缩比	8.5∶1
额定功率/kW	2.2
额定转速/(r·min^{-1})	4 500
最大扭矩/N·m	5.5
最大扭矩转速/(r·min^{-1})	3 800
怠速/(r·min^{-1})	3 000

3. 催化剂参数

实验选用了 DOC(原机件)、TWC(对比件)两种催化剂与无催化剂 3 种状态进行实验对比。两种催化剂实物如图 7.7 所示,参数规格见表 7.5。

图 7.7 实验使用的 DOC 和 TWC

表 7.5 催化剂参数规格

催化剂类型	贵金属组成 Pt∶Pd∶Rh	贵金属量 /(g·f^{-1}·t^{-3})	载体材料	体积/cm³
DOC(原机件)	1∶5∶0	40	0Cr21AL6	269.3(其中半径为 3.5 cm,高为 7 cm)
TWC(对比件)	2∶10∶1			

相较于 DOC(原机件),TWC(对比件)的载体材料、形状材料以及涂覆密度等均未做改动,其不同之处是涂覆材料和元素质量比。Pt∶Pd∶Rh(铂∶钯∶铑)的比例由原厂 DOC 的 1∶5∶0 变为 2∶10∶1。催化剂中 Pt 和 Pd 的作用大致相同,都能够氧化 CO 和 HC,两者相比,Pd 的价格较低,但容易失效。Rh 的作用是加速催化对 NO_x 的还原。在涂覆密度不变的前提下,增加 Rh 会使 Pt 和 Pd 的涂覆量减少,进而减弱 CO 和 HC 的氧化作用。实验在保证最佳效果的前提下增加了 1/13 的 Rh。

4. 实验过程

(1) 管路布置。

气体管路的合理布置对提升实验的准确性非常重要,管道布置实物图如图 7.8 所示,管道布置原理如图 7.9 所示,布置依次为:高压空气二次补气入口;温度测量处;催化剂前气体采样处;催化剂更换管道;催化剂后气体采样处;空燃比仪氧传感器接入口。需要注意的是,温度采样口要尽可能距离催化剂近一些,这是由于反应效果受排放气体温度的影响较大,这样可以更准确地测量反应温度。

第 7 章 新能源技术背景下传统燃油发动机技术发展

高压空气二次补气口　催化剂前气体采样处　后催化剂气体采样处
　　温度测量处　　　催化剂更换管道　空燃化仪氧传感器接入口

图 7.8　管道布置实物图

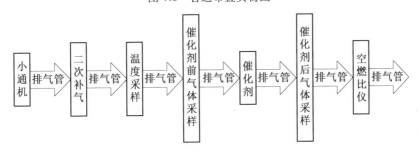

图 7.9　管道布置原理

（2）实验方法。

为了保证空燃比有一定的调整幅度,将发动机工况定为 100% 负荷工况,这是由于在 100% 负荷工况时,空燃比是浓燃状态,经试验测得大概为 12.8,而且此时空燃比的起伏较小。空燃比选择主要受理论覆盖范围和实际应用两个方面的限制,试验最终选择在理论空燃比(14.7)前后取点,往前取 3 个点,往后取 2 个点,即 13、13.5、14、14.6、15、15.5,共计 6 个点。而空燃比主要是通过改变注入高压空气的多少来控制,通常通过调节空气流量计的开合来控制补气量。

图 7.10 为实验发动机台架实物图。

5. 实验结果分析

（1）不同载体下 HC 变空燃比分析。

本组实验测试了在 DOC 催化、TWC 催化和无催化剂 3 种状态下,不同空燃比的 HC 排放数据。HC 体积分数及其转化效率如图 7.11 所示。

图 7.10　实验发动机台架实物图

图 7.11(a)(b)(c)表明了随着空燃比的增加,排气入口 HC 的体积分数在降低,但降低的幅度较小,大概在 5% 的体积分数范围内。图 7.11(a)中,HC 在排气入口和出口的体积分数在没有催化剂的状态下存在较小的转化效率,这是由于在达到一定的温度条件时会使气体产生反应。图 7.11(b)(c)中,随着空燃比的增加,氧气浓度增大,促进了 HC 转化,排气出口 HC 的体积分数大幅度降低,这说明催化剂的使用大大提高了 HC 的转化效率。

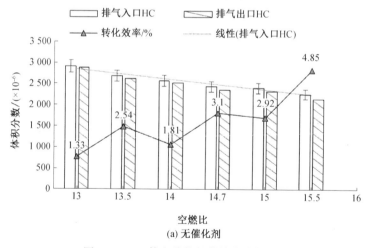

(a) 无催化剂

图 7.11　HC 体积分数及其转化效率

第 7 章 新能源技术背景下传统燃油发动机技术发展

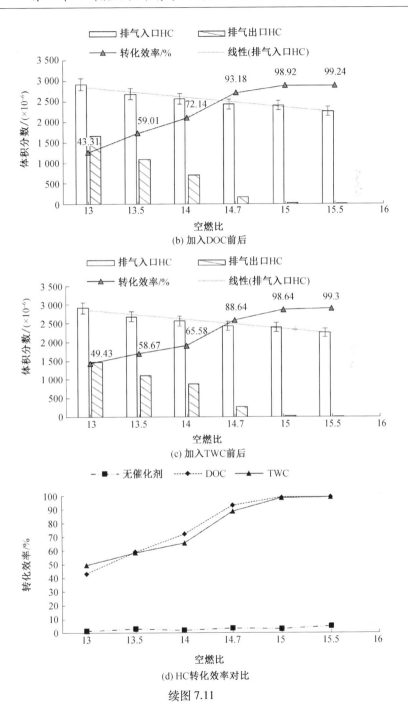

(b) 加入DOC前后

(c) 加入TWC前后

(d) HC转化效率对比

续图 7.11

图7.11(d)为3种状态下HC转化效率的对比。当空燃比小于13.5时，TWC的转换效率较高；当空燃比大于13.5时，DOC的转换效率较高；当空燃比达到15时，DOC和TWC的转化效率均接近100%。而造成这种变化的原因是TWC中铑元素在还原催化NO_x时进行反应$HC+NO_x \longrightarrow N_2+CO_2+H_2O$；后期由于DOC中又有较多的铂元素以及钯元素，随着氧气浓度增加，反应$HC+O_2 \longrightarrow H_2O+CO_2$起主要作用。由于氧气浓度达到一定程度，铂、钯的涂覆量充足，在最后阶段TWC和DOC的转化效率相近并都达到饱和状态。

(2) 不同载体下CO变空燃比分析。

本组实验测试了在DOC催化、TWC催化和无催化剂3种状态下，不同空燃比的CO排放数据。CO体积分数及其转化效率如图7.12所示。

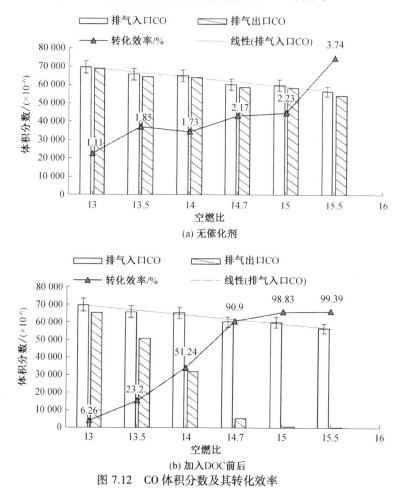

图7.12 CO体积分数及其转化效率

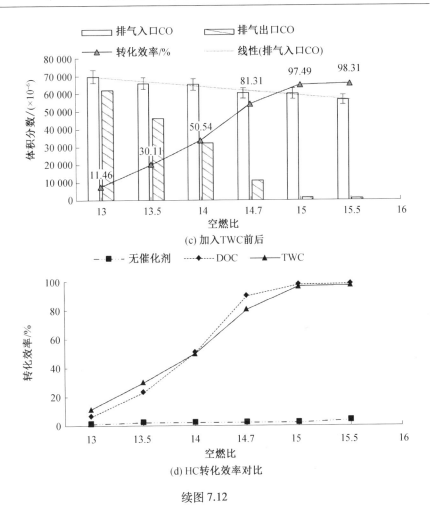

(c) 加入TWC前后

(d) HC转化效率对比

续图 7.12

如图 7.12 所示,随着空燃比的增加,排气入口 CO 的体积分数降低,但降低的幅度非常小。从整体看,CO 在一开始的转化效率相较于 HC 明显低很多,其原因是 O_2 或 NO_x 可以将部分 HC 还原成 CO,在一定程度上增加了 CO 的体积分数,从而降低了 CO 的初始转化效率。

如图 7.12(d) 所示,CO 在有催化剂状态下的转化效率同 HC 在有催化剂状态下的转化效率大致相同。由于 TWC 中铑元素还原 NO_x 并促进了 CO 的氧化,$CO+NO_x \longrightarrow CO_2+N_2$ 的反应速度较快。由于氧气浓度逐渐升高,DOC 中铂、钯的含量充足,反应 $CO+O_2 \longrightarrow CO_2$ 起到了主要作用,因此 DOC 的转化效率在中后期超过了 TWC 的转化效率,在最后阶段两种催化剂的转化效率相近并都接近

100%。

（3）不同载体下 NO_x 变空燃比分析。

本组实验测试了在 DOC 催化、TWC 催化和无催化剂 3 种状态下，不同空燃比的 NO_x 排放数据。NO_x 体积分数及其转化效率如图 7.13 所示。

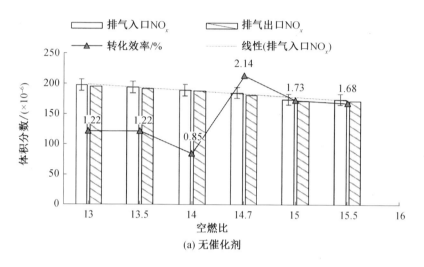

(a) 无催化剂

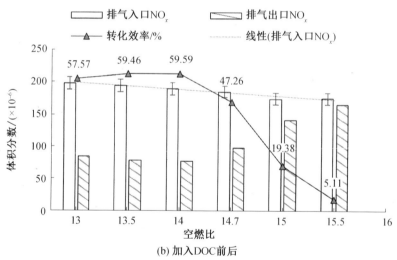

(b) 加入 DOC 前后

图 7.13　NO_x 体积分数及其转化效率

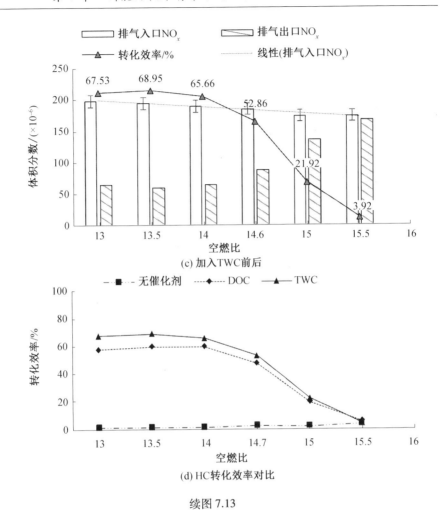

续图 7.13

图 7.13 表明:小型通用汽油机在这 3 种状态下,随着空燃比的增加,排气入口 NO_x 的体积分数降低,但降低的幅度较小,大概在 ±5% 的体积分数范围内。NO_x 转化效率随着氧气浓度的增加而降低。在催化剂的作用下,NO_x 转化效率随着空燃比的增加逐渐降低。在 DOC 的作用下,NO_x 仍然有较低的转化效率,这是因为 CO 和 HC 的氧化反应中,有少量 NO_x 作为氧化剂参与了反应,即 $HC+NO_x \longrightarrow N_2+CO_2+H_2O$ 和 $CO+NO_x \longrightarrow CO_2+N_2$ 反应。而图中可以看出 TWC 中 NO_x 有着较高的转化效率,但由于氧气浓度的不断增加最终转换效率也逐渐接近于 0,由此可见,当空燃比超过 15.5 时,对于 NO_x,催化剂已经失去了作用。

(4)不同气体在 DOC 与 TWC 中的转化效率对比。

对比分析了 HC、CO、NO_x 三种气体在 DOC、TWC 两种催化剂催化作用下的转化效率,如图 7.14 所示。

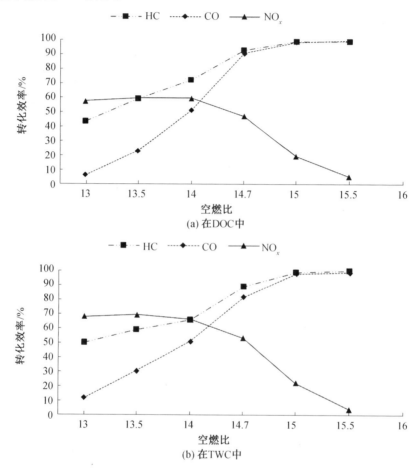

图 7.14 不同气体在 DOC、TWC 两种催化剂作用下的转化效率

图 7.14 中可以看出,HC、CO、NO_x 三种气体在催化剂 DOC 和 TWC 作用下,随空燃比的增加,转化效率的变化趋势大致相同。在两种催化剂作用时,HC 和 NO_x 的转化效率分别在空燃比为 13.5 和 14 附近相交。在 TWC 中的交点大致向后移动了 0.5,且此时的转化效率也有所提升,这是由于铑元素促进催化。由此可知,可以通过适当提高铑元素含量来提高转换效率。NO_x 的转换效率明显低于 CO 和 HC 的转换效率,综合考虑尾气转换效率的最佳性,选择空燃比为 14

的邻近范围会达到较好的转化效果。

6. 实验结论

实验分析了尾气排放在 DOC 催化、TWC 催化和无催化剂 3 种状态下的转换效率,对比了 CO、HC、NO_x 的测试结果,表明了在催化剂的作用下 HC、CO、NO_x 的转化效率得到了大幅度的提升,且不同催化剂由于其元素组成不同,对转化效果也有不同的影响,但整体有利于尾气的转化效率。

7.3　本章小结

本章主要通过实验介绍了新能源技术背景下传统燃油发动机技术发展的两个方向:

(1)通过实验"含醇燃料对 GDI 发动机气体排放的影响"验证了含醇燃料对发动机尾气排放的影响,实验表明含醇燃料的排放性能更好。

(2)通过实验"小型通用汽油机后处理实验"验证了在变空燃比下,不同催化剂对小型通用汽油机排放性能的影响,结果表明在合适的催化剂作用下,小型通用汽油机的排放性能得到了非常大的提升。

参 考 文 献

[1] 中国公路学报编辑部. 中国汽车工程学术研究综述[J]. 中国公路学报, 2017,30(6):1-197.

[2] 唐葆君,王翔宇,王彬,等. 中国新能源汽车行业发展水平分析及展望[J]. 北京理工大学学报(社会科学版),2019,21(2):6-11.

[3] 冯超. 基于HLCA的电动汽车规模化发展对能耗及环境影响研究[D]. 北京:中国矿业大学,2017.

[4] 左世全,赵世佳,祝月艳. 国外新能源汽车产业政策动向及对我国的启示[J]. 经济纵横,2020(1):113-122.

[5] 彭华. 中国新能源汽车产业发展及空间布局研究[D]. 长春:吉林大学,2019.

[6] 初亮,蔡健伟,富子丞,等. 纯电动汽车制动能量回收评价与试验方法研究[J]. 华中科技大学学报(自然科学版),2014,42(1):18-22.

[7] ZIMMERMANN T, KEIL P, HOFMANN M, et al. Review of system topologies for hybrid electrical energy storage systems[J]. Journal of Energy Storage, 2016,8:78-90.

[8] 初亮,刘达亮,刘宏伟,等. 纯电动汽车制动能量回收评价方法研究[J]. 汽车工程,2017,39(4):471-479.

[9] QIU C, WANG G. New evaluation methodology of regenerative braking contribution to energy efficiency improvement of electric vehicles[J]. Energy Conversion and Management, 2016,119:389-398.

[10] 邢恩辉,王培振,尚鑫波,等. 电动汽车制动能量回馈技术[J]. 科学技术与工程,2018,18(25):116-127.

[11] KANARACHOS S, ALIREZAEI M, JANSEN S, et al. Control allocation for regenerative braking of electric vehicles with an electric motor at the front axle using the state-dependent Riccati equation control technique[J]. Proceedings of The Institution of Mechanical Engineers Part D—Journal of Automobile Engineering, 2014,228(2):129-143.

[12] LI L, ZHANG Y, YANG C, et al. Model predictive control-based efficient energy recovery control strategy for regenerative braking system of hybrid electric bus[J]. Energy Conversion and Management, 2016, 111: 299-314.

[13] RUAN J, WALKER P D, WATTERSON P A, et al. The dynamic performance and economic benefit of a blended braking system in a multi-speed battery electric vehicle[J]. Applied Energy, 2016, 183: 1240-1258.

[14] 李洪亮, 储江伟, 李宏刚, 等. 车用飞轮储能系统能量回收特性[J]. 华中科技大学学报(自然科学版), 2017, 45(3): 51-57.

[15] ITANI K, DE BERNARDINIS A, KHATIR Z, et al. Comparison between two braking control methods integrating energy recovery for a two-wheel front driven electric vehicle[J]. Energy Conversion and Management, 2016, 122: 330-343.

[16] ZHANG J, LI Y, LV C, et al. New regenerative braking control strategy for rear-driven electrified minivans[J]. Energy Conversion and Management, 2014, 82: 135-145.

[17] 王猛, 孙泽昌, 王士奇, 等. 基于一体式制动主缸的电液复合制动系统仿真[J]. 同济大学学报(自然科学版), 2014, 42(8): 1211-1215.

[18] 刘新天, 葛德顺, 何耀, 等. 基于电池SOC的永磁同步电机能量回馈策略研究[J]. 电机与控制学报, 2017, 21(11): 46-52.

[19] LV C, ZHANG J, LI Y, et al. Novel control algorithm of braking energy regeneration system for an electric vehicle during safety-critical driving maneuvers[J]. Energy Conversion and Management, 2015, 106: 520-529.

[20] 周磊, 罗禹贡, 李克强, 等. 电动汽车回馈制动与防抱死制动集成控制[J]. 清华大学学报(自然科学版), 2009, 49(5): 728-732.

[21] DE NOVELLIS L, SORNIOTTI A, GRUBER P, et al. Direct yaw moment control actuated through electric drivetrains and friction brakes: Theoretical design and experimental assessment[J]. Mechatronics, 2015, 26: 1-15.

[22] NARINS T P. The battery business: Lithium availability and the growth of the global electric car industry[J]. Extractive Industries and Society—An International Journal, 2017, 4(2): 321-328.

[23] FRENZEL B, KURZWEIL P, ROENNEBECK H. Electromobility concept for racing cars based on lithium-ion batteries and supercapacitors[J]. Journal of Power Sources, 2011, 196(12SI): 5364-5376.

[24] DHAND A, PULLEN K. Review of battery electric vehicle propulsion systems

incorporating flywheel energy storage[J]. International Journal of Automotive Technology, 2015, 16(3):487-500.

[25] 李洪亮, 张新宾, 储江伟. 车用飞轮储能装置再生制动试验台研究[J]. 机械传动, 2017, 41(5):165-169.

[26] 汤延祺, 朱熼秋. 车载飞轮储能系统及其关键技术研究[J]. 电机与控制应用, 2016, 43(5):38-46.

[27] 郭文勇, 张京业, 张志丰, 等. 超导储能系统的研究现状及应用前景[J]. 科技导报, 2016, 34(23):68-80.

[28] HEKMATI A, HEKMATI R. Double pancake superconducting coil design for maximum magnetic energy storage in small scale SMES systems[J]. Cryogenics, 2016, 80(1):74-81.

[29] 李万杰, 张国民, 艾立旺, 等. 高温超导飞轮储能系统研究现状[J]. 电工电能新技术, 2017, 36(10):19-31.

[30] 黄晓斌, 张熊, 韦统振, 等. 超级电容器的发展及应用现状[J]. 电工电能新技术, 2017, 36(11):63-70.

[31] 任桂周, 常思勤. 一种基于超级电容器组串并联切换的储能系统[J]. 电工技术学报, 2014, 29(1):187-195.

[32] FADIL H E, GIRI F, GUERRERO J M, et al. Modeling and nonlinear control of a fuel cell/supercapacitor hybrid energy storage system for electric vehicles [J]. IEEE Transactions on Vehicular Technology, 2014, 63(7):3011-3018.

[33] HUANG J, QIN D, PENG Z. Effect of energy-regenerative braking on electric vehicle battery thermal management and control method based on simulation investigation[J]. Energy Conversion and Management, 2015, 105:1157-1165.

[34] RAMAKRISHNAN R, HIREMATH S S, SINGAPERUMAL M. Design strategy for improving the energy efficiency in series hydraulic/electric synergy system [J]. Energy, 2014, 67:422-434.

[35] SHEN J, DUSMEZ S, KHALIGH A. Optimization of sizing and battery cycle life in battery/ultracapacitor hybrid energy storage systems for electric vehicle applications[J]. IEEE Transactions on Industrial Informatics, 2014, 10(4):2112-2121.

[36] 刘志欣, 林慕义, 陈勇, 等. 复合储能方式对混合动力工程车辆燃油经济性的影响[J]. 机床与液压, 2017, 45(22):53-57.

[37] WANG C, XIONG R, HE H, et al. Efficiency analysis of a bidirectional DC/

DC converter in a hybrid energy storage system for plug-in hybrid electric vehicles[J]. Applied Energy, 2016,183:612-622.

[38] 孙晓坤. 分布式驱动电动汽车机电复合制动控制策略研究[D]. 北京:北京理工大学, 2015.

[39] 熊璐, 钱超, 余卓平. 电动汽车复合制动系统研究现状综述[J]. 汽车技术, 2015(1):1-8.

[40] 孙远涛, 张洪田. 混合动力汽车再生制动控制策略试验技术研究[J]. 中国公路学报, 2015,28(11):134-142.

[41] 吕辰. 电驱动车辆回馈制动力与摩擦制动力动态耦合控制[D]. 北京:清华大学, 2015.

[42] 赵轩, 马建, 汪贵平. 基于制动驾驶意图辨识的纯电动客车复合制动控制策略[J]. 交通运输工程学报, 2014,14(4):64-75.

[43] 刘志强, 汪浩磊, 杜荣华, 等. 纯电动汽车电液复合回馈制动研究[J]. 汽车工程, 2016,38(8):955-960.

[44] 童亦斌, 吴峂, 金新民, 等. 双向 DC-DC 变换器的拓扑研究[J]. 中国电机工程学报, 2007,27(13):81-86.

[45] 张斌. 未来新能源汽车的技术发展趋势分析[J]. 电动自行车, 2020(1):21-22.

[46] 王海峰, 李士杰, 谢斌, 等. 掺醇燃料柴油机燃烧与排放特性研究[J]. 大连交通大学学报, 2020,41(2):76-81.

[47] 田林, 王磊, 陈亚雷, 等. 含醇燃料对 GDI 发动机气体排放的影响[J]. 烟台大学学报(自然科学与工程版), 2019,32(1):74-78.

[48] 李永平. 乙醇燃料特点及使用性能分析[J]. 炼油与化工, 2007,18(3):4-6.

[49] 程艳. 正丁醇在柴油机上的应用研究探讨[J]. 化工管理, 2020(7):31-32.

[50] 崔心存. 内燃机排气净化[M]. 武汉:华中理工大学出版社, 1991.

[51] SHAHAD H A K, WABDAN S K. Effect of operating conditions on pollutants concentration emitted from a spark ignition engine fueled with gasoline bioethanol blends[J]. Journal of Renewable Energy, 2015:1-7.

[52] 刘文彬, 王辉, 安永东, 等. 低温环境下丁醇汽油发动机冷起动排放试验研究[J]. 交通科技与经济, 2015,17(5):118-120.

[53] 彭小红, 邱兆文. 醇类汽油混合燃料发动机排放性能试验研究[J]. 贵州大学学报(自然科学版), 2016,33(1):42-45.

[54] 刘胜吉,方宝成,王建.影响四冲程小型通用汽油机排放因素的试验分析[J].农机化研究,2007(3):115-118.

[55] 王磊.四冲程小型通用汽油机排放性能优化研究[D].烟台:烟台大学,2019.

[56] 郭丽.GB 26133 — 2010《非道路移动机械用小型点燃式发动机排气污染物排放限值和测量方法(中国第一、二阶段)》简介[J].机械工业标准化与质量,2011(9):18-21.

[57] 陈兴和.非道路用农业机械"国Ⅱ"升"国Ⅲ"相关政策解读[J].农业机械,2016(12):44-49.

[58] 安琴,冯长根,游少雄,等.车用催化剂载体的发展与选择[J].环境保护,1999(11):3-5.

[59] 林建送.汽油车排气净化三效催化剂关键材料催化性能研究[D].杭州:浙江大学,2018.

[60] MATSUMURA Y, KODA Y, YAMADA H, et al. Experimental and computational studies of CO and NO adsorption properties on Rh-based single nanosized catalysts[J]. The Journal of Physical Chemistry C, 2020, 124(5):2953-2960.

名 词 索 引

β 曲线 2.3

A
ABS 2.1,3.3
ABS/ESP 1.2.3
Advisor 2.1,2.3.2,2.5

B
并联式复合制动 2.3

C
层流火焰 7.1
超导储能 2.2
超级电容器储能 2.2
传动比 4.3
串联式复合制动 2.3

D
DC/AC 1.1.3
DC/DC 1.1.3,2.2,2.4,3.1,3.2,3.5, 5.1,6.1
DOC 7.2.2
DSP 1.1.3,6.1,6.3
电磁制动力 5.1,5.2
电流纹波 3.2
电驱动系统 1.1.3
动力电池 1.1,2.2,4.1,4.3

E
ECE R13 法规 2.3

F
飞轮储能 2.2

G
GDI 发动机 7.1
功率密度 2.2,4.3

H
HWFET 2.1
H 桥型逆变器 3.2,6.1
H 质量分数 7.1
含醇燃料 7.1,7.3
混合储能 2.2

I
IGBT 1.1.3,6.1
I 曲线 2.3

J
机械制动力 5.1,5.2

K
空燃比 7.2

M
Matlab 2.1,5.1

N
NEDC 2.1
纳米傅里叶红外光谱仪 7.1
能量密度 2.2,4.3
浓燃状态 7.2

P
PWM 2.4,3.1,5.1,6.1

S
Simulink 2.1,4.4,5.1,5.3

SOC 3.3,3.4

TWC 7.2

乙醇燃料 7.1,7.3

T

Y

Z

占空比 3.2

正丁醇燃料 7.1

自动驾驶 1.1